Como aprisionar o céu e as nuvens numa poça d'água

Editora Appris Ltda.
1.ª Edição - Copyright© 2019 dos autores
Direitos de Edição Reservados à Editora Appris Ltda.

Nenhuma parte desta obra poderá ser utilizada indevidamente, sem estar de acordo com a Lei nº 9.610/98. Se incorreções forem encontradas, serão de exclusiva responsabilidade de seus organizadores. Foi realizado o Depósito Legal na Fundação Biblioteca Nacional, de acordo com as Leis nos 10.994, de 14/12/2004, e 12.192, de 14/01/2010.

Catalogação na Fonte
Elaborado por: Josefina A. S. Guedes
Bibliotecária CRB 9/870

O482c
2019
	Oliveira, Francisco Antonio de
	  Como aprisionar o céu e as nuvens numa poça d'agua / Francisco Antonio de Oliveira. - 1. ed. – Curitiba : Appris, 2019.
	  153 p. ; 21 cm – (Artêra)
	
	  ISBN 978-85-473-3926-5
	
	  1. Ficção brasileira. I. Título. II. Série.
	
	                                                            CDD – 869.3

Editora e Livraria Appris Ltda.
Av. Manoel Ribas, 2265 – Mercês
Curitiba/PR – CEP: 80810-002
Tel. (41) 3156 - 4731
www.editoraappris.com.br

Printed in Brazil
Impresso no Brasil

Francisco Antonio de Oliveira

Como aprisionar o céu e as nuvens numa poça d'água

FICHA TÉCNICA

EDITORIAL	Augusto V. de A. Coelho
	Marli Caetano
	Sara C. de Andrade Coelho
COMITÊ EDITORIAL	Andréa Barbosa Gouveia (UFPR)
	Jacques de Lima Ferreira (UP)
	Marilda Aparecida Behrens (PUCPR)
	Ana El Achkar (UNIVERSO/RJ)
	Conrado Moreira Mendes (PUC-MG)
	Eliete Correia dos Santos (UEPB)
	Fabiano Santos (UERJ/IESP)
	Francinete Fernandes de Sousa (UEPB)
	Francisco Carlos Duarte (PUCPR)
	Francisco de Assis (Fiam-Faam, SP, Brasil)
	Juliana Reichert Assunção Tonelli (UEL)
	Maria Aparecida Barbosa (USP)
	Maria Helena Zamora (PUC-Rio)
	Maria Margarida de Andrade (Umack)
	Roque Ismael da Costa Güllich (UFFS)
	Toni Reis (UFPR)
	Valdomiro de Oliveira (UFPR)
	Valério Brusamolin (IFPR)
ASSESSORIA EDITORIAL	Renata Miccelli
REVISÃO	Natalia Lotz Mendes
PRODUÇÃO EDITORIAL	Lucas Andrade
DIAGRAMAÇÃO	Bruno Ferreira Nascimento
CAPA	Eneo Lage
COMUNICAÇÃO	Carlos Eduardo Pereira
	Débora Nazário
	Karla Pipolo Olegário
LIVRARIAS E EVENTOS	Estevão Misael
GERÊNCIA DE FINANÇAS	Selma Maria Fernandes do Valle

Dedico este livro à minha esposa, Maria Aparecida, ao meu filho, André, e à sua esposa, Carol. Aos meus netos, Talita, Maria Luísa e Gustavo. Aos meus pais (in memoriam), José Antonio e Clarina.

Apresentação

A narrativa na primeira pessoa é feita por um garoto de 8 anos, cujo nome pediu-me para que permanecesse incógnito. Mostrou-me um mundo vivido intensamente por ele. Um garoto nascido na zona rural em condições precárias, onde o amanhã era sempre incerto e onde crianças morriam de inanição logo na primeira infância. O ambiente, para a criança que nascia, era inóspito, e ela seria alimentada pelo que havia. A polenta, com status de prato principal, era o alimento que não faltava na mesa. A higiene era paupérrima, propiciando um ambiente perfeito para a proliferação de piolhos, pulgas, baratas e ratos. Os animais de estimação, como o cachorro, o gato, o cavalo viviam soltos na natureza, sem nenhum cuidado adicional. As doenças dos animais poderiam ser transmitidas, dada a promiscuidade.

Mas esse garoto conseguira sobreviver e fazer daquela vida precária um mundo maravilhoso, todo seu. Fora dotado de uma percepção aguda que apreendia tudo ao seu redor. E, desde sempre, fora aquinhoado de um senso crítico agudo e raro, ou mesmo impensável para sua idade. Percebia as injustiças da época, comuns no meio rural. Mas nascera com um espírito forte. Nada o abalava. Fazia tudo o que as demais crianças faziam, mas era dotado de algo a mais: um invulgar espírito de liderança. Tinha acendrado poder de persuasão. A exemplo dos demais meninos, o garoto aprontava. Fazia coisas que os adultos não aprovariam. Mas a sua doçura cativava a todos. Foi para uma escola isolada aos 5 anos. E dessa época guardava alegres e engraçadas lembranças.

Ele chorava baixinho e solitário quando deveria chorar. Sofreu muito quando sentiu que seus pais iam morrer. Adorava a sua avó, mineira de poucas letras e que nunca havia usado um sapato; contadora exímia de histórias e dona de um misticismo cativante. Benzedeira conhecida e respeitada. Todos, na época, eram dotados de certo misticismo que diríamos ser necessário, pois tinham que se apegar a algo transcendental. Como eles diziam, todos "estavam nas mãos de Deus".

Esse garoto ao qual me refiro falava como uma matraca, rapidamente, talvez receoso de que o tempo se esvaísse e fosse insuficiente para falar tudo o que sentia e que já havia vivido. A nossa amizade é para sempre. Embora não o veja há muito anos, aquele sorriso largo e aquela voz estridente de criança que ainda não alcançou a puberdade ficaram na minha memória afetiva.

Sumário

Capitulo 1 11
Capitulo 2 17
Capitulo 3 24
Capitulo 4 27
Capitulo 5 34
Capitulo 6 39
Capitulo 7 43
Capitulo 8 47
Capitulo 9 53
Capitulo 10 60
Capitulo 11 66
Capitulo 12 69
Capitulo 13 74
Capitulo 14 76
Capitulo 15 81
Capitulo 16 85
Capitulo 17 88
Capitulo 18 95
Capitulo 19 98
Capitulo 20 105
Capitulo 21 110
Capitulo 22 115
Capitulo 23 120
Capitulo 24 124
Capitulo 25 134
Capitulo 26 137
Capitulo 27 142
Capitulo 28 151

• Cap 1 •

Existem pessoas que com tenra idade já impressionam pela facilidade de assimilar conhecimentos e de captar detalhes. São alunos brilhantes que se tornam problemáticos na escola, porque estão à frente do professor um ano luz. São crianças fora do seu tempo. Por isso são críticas ferrenhas e não aceitam aquela realidade que lhe está posta. Aquilo não lhes satisfaz. Precisam de mais. Praticamente tudo que foi narrado neste livro é fruto de uma memória única vivenciada por um garoto de pouco mais de 8 anos. Os fatos narrados conservam o frescor e a fidelidade daqueles momentos. Impressiona a agudez da percepção e da riqueza de detalhes. A narração tem nuances e requintes românticos, dada a percepção que tinha naquela idade. Via tudo sem preconceito. A sua mente ainda não havia sido contaminada pelas regras sociais e comportamentais dos adultos. Em outros momentos permanece a crueza do vocabulário, pois a substituição retiraria o glamour e a beleza daqueles momentos singulares guardados todos num canto da memória e que afloram sem nenhum esforço, posto que latentes, como se estivessem acontecendo naquele momento e ávidos para se exteriorizarem. Houve momentos de muita alegria e de situações engraçadas. Houve momentos de tristeza em que fui obrigado a engolir seco para que as lágrimas não vertessem.

Era uma volta ao passado. Vi e convivi com cada personagem. A vontade era a de não mais voltar à realidade e ali permanecer. Vi e senti cada momento com muita intensidade. Tenho a memória impregnada do rosto e da fala daquele menino de natureza angelical que se sentia importante ao aprisionar o céu e as nuvens dentro de uma "poça d'água".

Às vezes me pergunto onde está aquela criança sonhadora que nasceu comigo e que aos poucos foi se indo, indo, olhando às vezes para trás, mas se foi, sabendo que não havia volta. Penso em resgatá-la. Mas me falta ânimo. Tudo mudou. Fiquei preso num emaranhado de leis sociais que me tolhem os movimentos e tornam os meus passos trôpegos. A criança se foi há muito tempo. Não consigo mais prender o céu e as nuvens numa poça d'água.

Dizem que tudo aquilo que perseguirmos com denodo um dia alcançaremos. Onde houver sensibilidade, encontraremos a criança. Em alguns de nós ela continua viva, mas, na grande maioria, ela foi posta numa sala escura, aprisionada pela indiferença e esquecida pelo passar do tempo. A nossa superficialidade e o nosso egoísmo são barreiras pétreas a impedir que a síndrome da felicidade se torne realidade.

Diz Victor Hugo que "*Um grande artista é um homem numa grande criança*". Todos nós temos uma criança alegre e cheia de vida dentro de nós; mas poucos a deixam viver. Existe uma mensagem enviada a todo momento por Deus e que o ser humano, envolto em problemas menores, não consegue capitar ou decodificar: cada criança que nasce significa que Deus não perdeu a esperança no homem. Como veremos a partir de agora, a vida da criança é simples, bela, objetiva, sem barreiras, pode viajar para todos os mundos por meio do pensamento, pode aprisionar toda a grandeza do céu numa pequena poça d'água... Pode falar com as estrelas... Acompanhem-me nessa aventura maravilhosa!

Costumava sentar-me no galho alto de uma mangueira. Vinha para aquele lugar diariamente, logo após o meio-dia. À vezes, ali permanecia por horas, até que os últimos raios do sol se fossem. Era um galho alto, forte. Crescera em forma de forquilha que se bifurcava como a letra Y. Conseguia ficar sentado, com as pernas abertas, fazendo suporte nos dois galhos que se abriam. A visão privilegiada possibilitava visualizar uma área imensa, coberta por árvores, que se perdia de vista. O silêncio e a tranquilidade ambiente permitiam ouvir o zumbido das asas de uma abelha que insistia em permanecer rodopiando sobre a minha cabeça.

O chão estava, quase sempre, coberto de frutos maduros que se deterioravam a cada dia. Moscas, mosquitos, besouros e abelhas disputavam o banquete de néctar espalhado sobre a terra úmida pela ausência de sol. Eram dezenas. Logo, contavam-se às centenas. Ficava olhando a rapidez com que se locomoviam no pequeno espaço. O odor que exalava da terra, que se misturava com o caldo meloso e adocicado das frutas, era acre e lembrava o cheiro de frutas que haviam passado do tempo de consumo, lançando no ar certo azedume. A mistura do néctar com a podridão adquiria a cor esverdeada, que antecede a total deterioração, quando se forma uma massa coberta por fungos. Acho que era esse cheiro acre e adocicado que atraía uma multidão de abelhas, de moscas e de mosquitos. Chegavam e iam com uma velocidade incrível. Pareciam naves que aterrissavam e que decolavam guiadas pelo instinto. Interessante. Tudo acontecia sem nenhum atropelo. Existia um controle perfeito entre eles. Sabiam, exatamente, o que e como fazer. Tudo estava sob controle. Os pássaros comiam as larvas que nasciam dos ovos. Os ovos que se transformam em larvas foram depositados pelos besouros no interior da fruta e ali elas permaneciam protegidas. Mas podiam ser devoradas pelos pássaros que também eram atraídos pelo néctar do melaço que se formava. O Melro, o Sabiá Laranjeira, o Sabiá Póca, o Bem-te-Vi e o Chupim são pássaros que sentem o odor à distância.

A manga deteriorava-se com rapidez, como a goiaba vermelha e a branca. O chão ficava forrado de formigas das mais variadas espécies. Elas não eram atraídas pelo néctar. O seu trabalho, todo o tempo, consistia em carregar folhas e formigas que estavam mortas para o ninho também conhecido como formigueiro. Tudo se aproveitava. Abasteciam formigueiros enormes que eram comuns na região. Via o Pássaro Preto (graúna) comer as larvas que se alojavam no interior das frutas e se banquetear comendo formigas. Era a natureza mantendo o equilíbrio na cadeia alimentar.

A matéria orgânica, resultante do apodrecimento das folhas secas e dos frutos, era o adubo natural que permitia o crescimento de plantas miúdas no solo que ficavam embaixo das árvores grandes. São plantas cujas sementes não são vistas a olho nu, mas estão lá, escondidas, debaixo da terra. Esta permanece fértil num cio constante. Se enchermos um recipiente com terra e deixá-lo ao sol e ao sereno, certamente nascerão plantinhas das mais variadas espécies. A terra é assim. Generosa.

As pequeninas plantas disputavam escassos raios de sol, retidos pelas copas das árvores grandes, que se ofereciam em algumas horas do dia. Eram plantas rasteiras, de pequeno porte, que não cresciam. Nasceram para não crescer. Às vezes morriam na primeira infância. Quando cresciam, não iam além de vinte ou trinta centímetros do tronco ao alto e produziam pequeninas flores. Todas permaneciam protegidas pela grande árvore. Confesso que esse pequeno mundo, que durante parte do dia também era o meu mundo, me fascinava. Era um mundo maravilhoso onde tudo era perfeito. Tudo e todos conviviam harmonicamente. Não havia disputa. Até o sol conseguia distribuir os seus raios para todas as plantas, satisfazendo as suas necessidades.

Quando chovia, o tronco ficava muito escorregadio. Certa vez teimei em subir e despenquei de uma altura considerável. Fiquei uma semana inteira com dores pelo corpo. Nada disse. Queria guardar comigo o segredo do meu refúgio. Mas acho que a minha mãe devia saber desse meu segredo. Se sabia, nada dizia. Mesmo nos dias chuvosos, não deixava de visitar o local. O movimento era bem menor. As formigas, pelo jeito, não gostam da água ou da terra molhada. Acho que nesses dias elas tiravam folga ou ficavam trabalhando dentro do formigueiro.

Aproveitava para fazer as minhas armadilhas para apanhar pássaros e pequenos animais, como coelho, gambá, esquilo e filhotes de tatu. Certa vez, peguei um filhote de gato-do-mato. Levei-o para casa. Era bravo demais. Chiava o tempo todo. Não deixou ninguém dormir naquela noite. No outro dia, minha mãe me fez devolvê-lo ao lugar onde o havia encontrado. Foi só soltá-lo. Desapareceu na vegetação.

Na região eram comuns gatos-do-mato e porcos-do-mato. Aprendi a fazer armadilhas com o meu tio. A que mais gostava de fazer era a arapuca. Fazê-las era um barato. Pegava uma vara de bambu e cortava dois pedaços de mais ou menos trinta ou quarenta centímetros. Tudo dependia do tamanho da arapuca que queria fazer. Esses dois pedaços seriam a base da armadilha. Amarrava dois pedaços de arame nas duas extremidades das varetas. Nesse momento, tinha-se a figura de um quadrilátero estendido no chão. Aí girava as varetas em sentido contrário, de forma que os dois arames ficassem entrelaçados no meio, formando dois triângulos que poderiam ser isósceles ou retângulos, dependendo do tamanho das varetas e, logicamente, dos arames, já que vareta e arames seriam proporcionais entre si. Feito isso, tinha-se a forma da base. Cortávamos várias varetas de bambu, cujo tamanho ia sendo reduzido à medida que as colocávamos sobrepostas, protegidas pelos dois arames. A armadilha crescia em forma piramidal. Isso significava que as varetas finais e que seriam colocadas no topo da arapuca seriam bem menores. À medida que as varetas eram colocadas sobrepostas protegidas pelos dois arames, a armadilha ia se firmando e o arame ficava cada vez mais esticado. A partir da metade, dever-se-ia ter cuidado para que o arame não viesse a se romper. No final da cobertura, a armadilha estava tão firme que poderíamos carregá-la facilmente. Conseguia fazer uma dezena em poucas horas. A época própria para esse tipo de armadilha era a do plantio de arroz e o da colheita. Nessa época, pássaros de várias espécies eram atraídos pela fartura de alimento.

A colocação da armadilha exigia o emprego de certa estratégia. Um lado deveria ficar suspenso, enquanto o outro permanecia no chão. A parte suspensa ficava apoiada, em princípio, num pequeno pedestal em formato de forquilha e um talo verde, que a manteria erguida numa altura de 15 centímetros. Mas a armadilha não ficava escorada na forquilha, mas no alto. Pegava-se um pedaço de mato, conhecido por guanxuma, que é uma planta flexível, e o entrelaçava por dentro da forquilha, com a ponta enrolada na parte inferior da forquilha. Pegava-se um pedaço de pau seco e o colocava entre o pé da forquilha e a ponta da guanxuma, virado para dentro da armadilha. Em cima do pedaço de pau, fazia-se uma espécie de teia de aranha com pedaços de paus mais finos, colocados com distância de um dedo um do outro, de forma que o pássaro poderia ver os grãos de arroz que estavam embaixo. Na frente da armadilha, eram colocados alguns grãos para atrair o pássaro curioso.

A armadilha era colocada em lugar onde os pássaros normalmente vinham: em baixo de uma árvore. No tempo do plantio de arroz, espalhava as armadilhas em vários pontos do arrozal. Os pássaros atraídos eram: o Pássaro Preto, o Chupim, a Pomba Juriti, a Pomba do Ar, a Rolinha, o Sabiá Póca, em menor quantidade, o Tico-Tico e o Tico-Tico-Rei.

• Cap 2 •

Estávamos no mês de junho. Nessa época do ano, os dias e as noites eram mais agitados. O trabalho das pessoas mais velhas era praticamente o mesmo durante as demais épocas do ano, mas não no mês de junho. Os afazeres de rotina não poderiam deixar de ser feitos. Para as crianças, principalmente, os dias ficavam mais agitados. Nessa região, distante de uma pequena cidade, todos frequentavam uma escola isolada. Na mesma classe, estavam alunos de primeira, segunda e terceira série. Era o menorzinho. Não tinha idade ainda para ir à escola. Ia porque queria acompanhar meus irmãos e porque a professora, uma senhora gorda, com cabelo de fogo puxado para trás, e olhos claros, permitia.

Não conseguia prestar atenção em nada do que ela falava. Não entendia as palavras ditas por ela. Tinha a impressão de que a maioria dos alunos também não entendia, mas não reclamava. Cada dia ela colocava um quadro em determinado lugar da sala e mandava que os alunos falassem sobre aquele quadro. Eu nunca falei nada. Mas eu poderia falar. E muito. Mas ninguém me levava a sério. Diziam que era apenas ouvinte. Tinha meninos e meninas. As meninas ficavam de um lado e os meninos do outro lado da sala. A professora não queria que se misturassem nem na hora do recreio. Olhava e via que as meninas olhavam para determinados meninos e cochichavam entre si, dando risinhos, revirando os olhos; algumas até mandavam beijinhos. Do outro lado, os meninos também dirigiam olhares, risinhos e comentavam entre si. Meninos e meninas eram todos iguais. Não sabia por que a professora não queria que se misturassem. Ficava pensando: será que o menino pode virar menina e a menina pode virar menino? Mas isso seria uma doença? Se a professora proibia era porque alguma coisa de ruim podia acontecer. Mas eu era só ouvinte e não entendia nada daquilo. Nem sabia o que era ouvinte. Meu pai me dizia que ouvinte era aquele que ficava ouvindo. Mas a professora não me falava nada. Não me ouvia. Como podia ficar ouvindo? Como poderia ser ouvinte se ela não falava comigo?

O local era bonito e agradável. Existia um pequeno fio d'água, correndo por entre as árvores, que estava sempre muito bem cuidado e limpo. No intervalo do recreio, todos tinham de lavar as mãos antes de comer o lanche e, depois, para voltar para a classe. As aulas terminavam por volta de 11 horas. A volta para a casa não era demorada, cerca de meia hora. Como estávamos no mês de junho, eu engolia a comida pelo "zóio e pela boca", como dizia a minha avó, e ia encontrar os meus amigos da colônia e, juntos, íamos buscar lenha para fazer as grandes fogueiras para as festas de Santo Antônio, São João e São Pedro. Não se pensava em outra coisa a não ser amontoar tocos, pedaços de madeira, galhos de árvores. Os adultos também ajudavam na empreitada. E como ajudavam. Eles eram mais fortes e podiam utilizar uma pequena carroça. Três enormes montes de lenha eram erguidos: um para cada santo. Na véspera do dia do santo, as mulheres se uniam e faziam uma porção de coisa: pão doce, cocada doce, pé de moleque, paçoca, milho verde, quentão, anisete, bolo de fubá, bolo de milho, amendoim torrado, doce de leite, doce de batata, batata assada. Também não faltava a pinga, chamada de cachaça e de cipó de amansar loco.

Não sei por que os homens ao beber a pinga jogavam um pouco fora e diziam que era para o santo. No mês de junho, eu até entenderia. E nos outros meses do ano que eles continuavam fazendo a mesma coisa? Era comum os pais irem até a cidade para comprar rojões que seriam soltos, logo após a reza do terço. Eles também compravam bombinhas, traques e busca-pés para os meninos e fósforo de cor para as meninas. O meu pai comprava cinco bombinhas, duas de traques, três bombinhas comuns e três busca-pés, para cada filho homem; e uma caixa de fósforo de cor para a filha mulher. Naquela época, tinha que falar filha mulher e filho homem, senão estava incompleto.

Todos, meninos e meninas, sem exceção, guardavam aquilo como um pequeno tesouro. O menino não estourava as suas bombinhas e os traques nem soltava o busca-pé. Na caixa de fósforos de cor tinha 10 palitos que, riscados, formavam uma chuva de estrelinhas coloridas. Tudo era gasto com muita parcimônia. Lembro-me de que meu irmão e eu colocávamos as bombinhas, os traques e os busca-pés numa pequena caixa e toda hora íamos ver. Era como se tivéssemos guardando um pequeno tesouro. A sensação era tanta que o coração batia mais rapidamente. Não pensávamos em estourar as bombas e soltar os busca-pés. Só o fazíamos na última hora, por insistência do meu pai e da minha mãe. Se pudéssemos, guardaríamos tudo. Depois de estourar, ficava a lembrança. Minha irmã riscava cada fósforo com dor no coração. Riscava um e ia guardar a caixa.

Embora na zona rural o costume fosse dormir por volta de oito horas da noite, porque o trabalhador acorda às quatro da madrugada para estar no eito por volta de cinco horas, nesses dias, não se dormia, porque no dia seguinte não se trabalhava. Era espécie de feriado, autorizado pelo dono do sítio. O terço começava às oito horas da noite em ponto e tinha a duração de mais ou menos uma hora. Havia sempre a rezadeira, dona Marcelina do tombo, apelido que ganhara por haver caído no altar, na frente do padre, no dia do seu casamento; ou um rezador que puxava o terço. Lembro-me bem de um rezador! Ele tinha o nome de Clemente, mas todos o chamavam de seu Quelemente. Ele tinha uma voz estridente, meio nasalada. Uma figura. Era mulato, cabelo pixaim, repartido ao meio, andava sempre com uma Bíblia debaixo do braço. A capa do livro já havia perdido a cor original e as folhas estavam se soltando. As pontas das folhas do lado direito estavam amarelecidas de tanto folheá-las. Diziam que ele conhecia a Bíblia de trás pra frente e de frente para trás. Outros diziam que ele já tinha enfrentado o diabo e feito o coisa ruim correr de medo. Quando lhe perguntavam sobre o assunto, ele desconversava com um risinho de canto de boca. Mas não confirmava nem desmentia. Isso bastava para que todos considerassem a façanha contra o coisa ruim verdadeira.

As calças largas, com cavalo enorme, pareciam que ele estava "rendido" e tinha o saco (grande) caído. O sapato, velho, tinha ambos os saltos gastos para dentro. Certamente ele não tomava banho, pois o cheiro azedo que exalava tomava conta do lugar onde estivesse. Ele chegava alegre, simpático, cumprimentava a todos e dizia que iria começar o terço. Olhava para o relógio de bolso, preso a uma corrente de ouro, que guardava na algibeira do lado esquerdo do velho paletó surrado, que pedia para ser lavado. O velho paletó tinha a opacidade característica do pano que vai perdendo o brilho ao mesmo tempo que o pó vai se envolvendo com o tecido. Fica aquela cor de "burro quando foge", como se costumava dizer.

Lembro-me de que, quando ele chegava, todos colocavam a mão, em formato de concha, sobre o nariz. Eu nunca ia lá dentro da sala, porque era coisa muito séria e que criança não poderia participar para não desrespeitar o santo. Eu não entendia a razão pela qual homens e mulheres sempre colocavam a mão no nariz. A reza iniciava. Seu Quelemente puxava a "Ave Maria e a Santa Maria", dezenas de vezes. Ele rezava, todos repetiam. O vozeio produzia certo descompasso, pois havia mulheres e homens mais velhos surdos que iniciavam a reza fora do tempo. Assim, quando uns estavam terminando a Santa Maria, alguns deles estavam no final da "Ave Maria". Lembro-me que depois de cerca de 20 minutos de reza, todos queriam achar um lugar na porta de entrada ou em uma das duas janelas da sala. O cheiro que impregnava o ambiente era insuportável.

O cheiro do seu Quelemente, misturado com o cheiro do perfume Príncipe Negro, que era o seu preferido, e o cheiro que exalava dos presentes, pessoas que, na sua totalidade, só tomavam banho de bacia, aos sábados, era algo indescritível! O terço sempre acabava antes da hora. O seu Quelemente, certo de que havia cumprido a sua missão de rezador-mor da região, despedia-se de todos, pegando na mão de cada um, que dava a mão direita e conservava a esquerda em forma de concha no nariz. Nunca ouvi ninguém pedir para que ele ficasse para as festividades! Com a ida do seu Quelemente, tinham início as festividades.

No início era levantado o mastro de madeira de eucalipto, com cerca de seis ou sete metros, tendo na ponta um quadro de madeira envolvendo a imagem do santo, gravada no pano em branco e preto. O pano com a imagem era vendido na livraria da cidade ou na casa que vendia fogos. O quadro do santo era envolvido com fitas coloridas de papel crepom. Esse mesmo papel, de cor vermelha, era usado pelas mulheres para deixar os lábios vermelhos. Era só umedecer o papel que a tinta soltava. Antes da subida do santo, as pessoas amarravam bilhetes com pedidos para si, para os filhos e para toda a família. O primeiro e mais concorrido era o Santo Antônio, festejado no dia 13 de junho. Ninguém perguntava, mas a bandeira do santo enchia-se de pedidos para ajudar a arrumar um homem ou um noivo. Toda mulher era criada para casar. E casar logo. A moça com 18 anos já estava ficando velha para o casamento. Havia um entendimento popular de que a moça com mais de 20 anos tinha o útero endurecido e não servia mais para ter família. As famílias dos noivos, nesse caso, opunham-se ao casamento. O pai tinha medo de que a filha ficasse solteira, pois era mais uma boca para comer. Parece que dava certo. A grande maioria se casava.

À medida que o mastro, levando a figura do santo, ia subindo, os homens começavam a soltar os seus rojões de varetas, que subiam numa velocidade incrível e estouravam há uns 10 metros de altura. A vareta podia cair em qualquer lugar. Até mesmo em cima de alguém. Havia um tempo certo para a subida dos rojões. Era um de cada vez. Desse modo, o barulho durava mais tempo. Era tudo muito pobre e a quantidade de rojões era pequena. Os adultos, homens e mulheres, ficavam à vontade. Parecia que todos pertenciam a uma só família. Mas sempre havia a rodinha das faladeiras. Tudo que acontecia na região passava a ser do conhecimento de todos. Mas nem por isso as faladeiras eram criticadas ou menosprezadas. Ao contrário, havia as faladeiras enrustidas, aquelas que não queriam aparecer. O time das faladeiras era conhecido como uma espécie de jornal falado.

Lembro-me que morava numa casa na colônia da fazenda, separada da outra casa pela mesma parede que subia até certo ponto. A partir de determinava altura não havia parede. Por isso os moradores de ambas as casas ficavam sabendo de tudo que acontecia na casa vizinha. Na outra casa, morava uma família cuja avó tinha flatulência solta. A barriga da velha parecia uma caldeira em ebulição, porque não demorava 10 minutos e tudo recomeçava. Ela era conhecida como Dona Queridinha da região do Pau D'Alho.

Numa ocasião, havia morrido o filho do seu Joaquim da Horta, num desastre, quando caiu de um pé de jatobá. Defunto no sítio, naquela época, era velado em casa mesmo. Vinha gente de todo o lado, amigos e conhecidos. Até inimigo, nessas horas, esquecia as desavenças. Velório era um acontecimento social. A família do defunto tinha que servir comes e bebes, isto é, servia pão, bolo, doces, pinga, anisete, água.

As pessoas vinham sem ter comido em casa, pois sabiam que o dono da casa providenciaria comida e bebida. Os homens aproveitavam e abusavam da cachaça. Velório que não tivesse bêbado, não era velório. Tinha que ter bêbado. E bêbedo falante. Aquele que, lá pelas tantas, ia até a beira do caixão e começava a conversar com o morto, como se tivessem sido grandes amigos. Muitas vezes nunca tinham sequer se encontrado. Mesmo assim, ele falava das aventuras que viveram juntos, da amizade que os prendia, e chegava até a chorar compulsivamente na beira do caixão.

    Foi num desses velórios que ninguém conseguiu segurar dona Queridinha, pois tinha morrido a sua melhor amiga, a Telêmaca, mulher decidida que havia dado uma surra no marido por o haver flagrado transando com uma novilha. Tinha-se a impressão de que a defunta e a dona Queridinha haviam aprontado no passado. Quando alguém perguntava a origem daquela amizade, dona Queridinha desconversava. Tudo estava indo bem. Foi rezado o terço. Foram servidos os comes e bebes. O Anastácio, beberrão conhecido de todos, estava estendido atrás de um dos bancos de madeira que rodeava a sala onde se fazia o velório. Não estava atrapalhando ninguém nem sendo inconveniente. A única coisa é que roncava muito e alto. Mas isso não era nada para quem já estava morto. Foi aí que dona Queridinha passou a dar vazão à sua flatulência de uma forma incontrolável. No início, as pessoas foram procurando lugar na porta de entrada e nas janelas da sala com a mão em concha no nariz. Depois, foram se retirando uma a uma. Até o bêbado Anastácio acordou e saiu cambaleando, dizendo ao dono da casa que tinha compromisso ainda naquela noite. Dizem as más línguas que até a família da morta se retirou. Mas dona Queridinha não arredou o pé de lá e ainda acompanhou o enterro no dia seguinte, praticamente sozinha, pois as pessoas que carregaram o caixão exigiram que ela ficasse longe deles cerca de 10 metros.

• Cap 3 •

Erguido o mastro do santo da comemoração e terminado o foguetório, alguns homens providenciavam o acendimento da fogueira. Eram colocadas tiras de pano embebidas em querosene na base da fogueira, nas quais era colocado fogo com um tição cumprido, para evitar acidente. As chamas se alastravam rapidamente sobre as toras colocadas na base da fogueira. As toras grossas e de demorada combustão impediam que as chamas devorassem rapidamente todo o material colocado na forma piramidal. Mas isso não impedia que as chamas se lançassem para o alto, como línguas flamejantes de cores avermelhadas e amareladas, numa combustão constante.

A fogueira poderia demorar horas para consumir todo o material colocado e, no dia seguinte, ainda se encontrava vivo o brasido. A esta altura, as mesas já estavam arrumadas, e nelas se encontravam postas todas as comidas e bebidas. Não poderia faltar a batata doce cozida e assada, os doces provenientes do amendoim, como pé de moleque, paçoca, amendoim torrado, amendoim não torrado, doce de leite, bolo de fubá, bolo de farinha de trigo, milho cozido, pamonha, bolo de milho, curau doce e o angu salgado.

A bebida principal era o quentão, bebida feita com pinga, gengibre e açúcar, ingredientes que eram fervidos juntos até o líquido atingir a ebulição, devendo permanecer, assim, por algum tempo. Fazia-se o anisete, que era uma bebida adocicada e um pouco mais fraca, muito ao gosto das mulheres e das crianças. Essa bebida, na roça, era feita com pinga, erva-doce e açúcar. Colocava-se uma porção de água para enfraquecer a pinga. A bebida, em quantidade, poderia provocar sonolência. Os homens, embora não dispensassem o quentão, entravam de sola na pinga. Era festa.

Naquele dia, valia tudo. Mesmo porque era a maior comemoração, que se estendia por três dias do mês. Era significativo o número de moças que engravidavam nessa noite. O local da festa era todo enfeitado com tiras de papel crepom, recortado em forma de quadrados, com duas pontas na parte inferior. A única luz que alumiava o local era a da fogueira. Os namorados procuravam algum lugar que não fosse atingido pela claridade das chamas. No sítio, o casamento acontecia muito cedo. O moço com dezesseis anos já estava pronto para o casamento com a menina de treze. O trabalhador, roceiro, era dotado de uma libido intensa, quando próximo da namorada ou da noiva. O membro ficava ereto que parecia perna de mesa. Quando isso acontece, o membro fica dolorido. Nessa situação de extrema agonia, descarregaria no primeiro buraco que encontrasse. A moça, a seu turno, também tinha a sua libido à flor da pele.

Não obstante as mães soubessem do perigo, pois o mesmo certamente havia acontecido com muitas delas, mesmo fazendo marcação cerrada sobre a filha, o perigo estava à espreita. E a possibilidade da filha ser engravidada era real. Isso poderia ser bom ou não, dependendo da idade da moça. Se a moça não estivesse nos seus dias férteis, nada aconteceria e o ato passaria despercebido. Se estivesse, certamente, haveria casamento. Nesse meio, os homens não se negavam ao casamento por duas razões: primeiro, porque as famílias eram conhecidas, amigas, e moravam, quase sempre, próximas; segundo, as moças, quase sempre, eram menores. O dono do sítio poderia convencer o rapaz a casar. Se não conseguisse, o delegado tinha poderes para efetuar o casamento *manu militari*.

Lembro-me de um caso em que o casamento foi feito na delegacia com duas armas apontadas para o noivo pelos irmãos da moça. O delegado nem perguntava se o moço queria casar. Casava. Não importava se seria de menor ou de maior. Filho tem que ter pai!

Naquela noite, todos iriam dormir tarde, por volta de onze horas. Mas havia os retardatários que, por terem enchido o caco de cachaça, ficavam, por ali mesmo, curtindo a ressaca. Mas ninguém incomodava-se com isso, e ele não era desmerecido perante todas as demais famílias. Desculpavam sempre. Quem trabalhava no eito, como um burro de carga, tinha o direito de encher o caco em época de festa como aquela.

Havia, naquela gente, uma solidariedade bonita, sem interesse. Depois, dormir quentinho perto da fogueira, não era uma má pedida. Eram homens trabalhadores que se casaram jovens, premidos pelas circunstâncias. Quase sempre por ter engravidado a namorada. Constituíam famílias numerosas e envelheciam prematuramente. Ainda com pouca idade, tinham a pele seca, castigada pelo sol do eito e enrugada precocemente. Com pouco mais de vinte anos, começavam a aparecer os primeiros cabelos brancos. O dia seguinte poderia ser de ressaca ou não, dependendo do que havia acontecido no dia anterior. Mas o descanso era permitido. A alegria continuava com a expectativa para a festa de São João.

• Cap 4 •

As crianças, meninos e meninas, começavam a trabalhar desde os cinco anos. Eram obrigadas a dormir por volta de oito horas, porque deveriam acordar cedo para acompanhar o pai para trabalhar na lavoura. Essas crianças eram presenteadas com pequenas enxadas. Para quem não sabe, enxada é um instrumento cortante que é aviado com um cabo de madeira longo, que serve para capinar o mato que nasce entre as plantações. A criança ficava contente com o presente e cuidava da ferramenta como se fosse alguma coisa valiosa, afiando-a constantemente para que não perdesse o corte. Na verdade, ao receber a enxada, o menino passava a imitar o pai até mesmo no modo de capinar e nos seus trejeitos.

A família toda era obrigada a trabalhar. A mãe ia mais tarde, por volta de nove horas da manhã, para levar o almoço, que seria servido por volta de dez horas. A comida, nessa altura, estava, no máximo, morna, senão fria. A mãe permanecia trabalhando e ia embora antes, por volta de três horas da tarde, para aprontar a comida do jantar, que normalmente era a mesma do almoço. Não havia exigência com o trabalho dos menores. Como, por natureza, toda criança é dispersiva, nada impedia que ela saísse e fosse brincar. O meu divertimento era armar arapucas, pois eram feitas com antecedência. O sol, por volta de duas horas da tarde, era muito quente. Por isso todos se protegiam com um chapéu de aba larga, feito de palha de milho. O suor formava-se no pescoço, próximo ao cabelo, perto da nuca, descia pelas costas, e ia parar na região glútea. Quando a nuvem cobria o sol, era uma festa, porque o calor era amenizado. Quando isso acontecia, juntamente com uma aragem, então era a sopa no mel. Poderia até mesmo sentir certo friozinho passageiro, porque o corpo ainda guardava a temperatura anterior imposta pelos raios de sol.

 Na época de milho verde, era comum, no meio da tarde, alguém improvisar um aceiro com pedaços de pau para assar o milho verde. Quando se abusava do milho, era certa a dor de barriga. Quando a dor vinha, a gente corria para o mato ou atrás da árvore mais próxima, ou do pé de café, para aliviar. E depois para limpar o buraco? Não havia papel. Tinha que sair à cata de folha de mato para fazer o efeito do papel higiênico de hoje. Na verdade, por mais que limpasse, nunca ficava devidamente limpo. A higiene era precária. Era o que era. Aquilo era passado de pai para filho. Depois voltava a trabalhar sob o sol. O suor que escorria poderia causar assadura e, se não fosse cuidado, poderia ficar em carne viva toda a região. E às vezes ficava, porque o menino, principalmente, tinha vergonha de contar para a mãe o acontecido. Pior ainda era quando se limpava com uma folha larga, bonita, denominada Urtiga. Essa folha era atraente, porque era grande e enganava os incautos. Tinha substâncias que queimavam o local onde era esfregada. Tinha o mesmo efeito da passagem da Taturana pelo corpo. A Taturana é também conhecida como lagarta de fogo ou Mondrovár. No sítio fala-se Manduruvá. A folha da Urtiga continha uma substância química, denominada ácido fórmico. É a mesma substância que a formiga e a abelha carregam com o objetivo de defesa. Possui ainda outra substância denominada acetilcolina, a qual dilata os vasos sanguíneos da pele e causa infecção. Essas substâncias ficam armazenadas em pelos que cobrem a folha e o próprio caule da planta. Ao ser esfregada, liberava essas substâncias e tornava a vida da pessoa um inferno, porque não havia nada que reduzisse o incômodo da queimação. A região ficava com uma cor rocha. A criança se deitava debaixo de uma árvore e ficava chorando até adormecer. Depois de algumas horas, os efeitos da substância iam enfraquecendo. Mas a região ficava assada. Em casa, passava-se uma substância feita com álcool e alvaiade, que refrescava e aliviava. O alvaiade é um pó branco de composição integralmente mineral. Toda casa tinha a substância.

Como regra, as crianças conheciam, desde cedo, os resultados malignos da folha de Urtiga. Mas isso poderia acontecer também com o adulto incauto, pois todos, homens e mulheres, iam fazer as suas necessidades no mato. Ao voltar para casa, por volta de quatro e meia da tarde, era um momento de alegria. O coração batia aliviado, porque depois da janta, que se dava sempre antes das seis horas, havia uma brincadeira entre meninos e meninas que era aguardada com certa ansiedade.

Éramos seis, às vezes oito, casais. Reuníamos em determinado ponto, próximo a uma tulha velha, onde, antigamente, era depositado o café em coco, colhido na fazenda. Cada um de nós já tinha a sua menina preferida e vice-versa. Não se aceitava a troca para a brincadeira que iria começar. A brincadeira tinha o nome de "pique de bando". Os casais eram divididos em dois bandos. Cada bando ia se esconder. Aquele que achasse pelo menos um casal do bando ganhava. Mas na prática, nada disso acontecia. Cada casal saía e ia se esconder naquele mesmo lugar de sempre. Muitas vezes, durante o dia, o menino ia ao local para limpá-lo e deixá-lo mais aconchegante. Quando lá chegavam, a menina se postava agachada na frente do menino e este, com o membro ereto, introduzia-o no meio das cochas da menina e com as mãos passava a acariciar os seus seios já em formação ou até mesmo formados precocemente. Um nunca dizia para o outro. Tinha vergonha de falar. Nem precisava. O ato falava por si mesmo. Com o tempo, iam criando certa intimidade e a menina permitia que o menino baixasse a calcinha dela, deixando a bundinha de fora. O menino passava a roçar a região, procurando o buraco para introduzir o membro. Sempre achava e chegava à ejaculação. A brincadeira terminava por volta de sete horas da noite e cada um ia para a sua casa. Ninguém comentava de ninguém. Se os pais sabiam ou desconfiavam, não sei. Nunca soube nada a esse respeito.

Nessa época, os meninos e as meninas tinham por volta de oito anos e todos sabiam sobre o sexo, aprendizado que lhes era transmitido pela própria natureza. Ambos aprendiam vendo o porco penetrando na porca, o cavalo na égua, o boi na vaca, o bode na cabrita, o galo na galinha.

O menino começava a se masturbar por volta de seis anos. Aos sete anos, a masturbação era mais frequente ao ver o traseiro da professora. Presenciei esse caso no primeiro ano do grupo escolar, em que o menino que se sentava na última carteira se masturbava olhando para o traseiro da professora, enquanto esta escrevia no quadro negro.

Nessa altura, os meninos tinham relação praticamente com todos os animais, principalmente com a égua e com a mula. Isso se dava quando ia buscar o animal no pasto. Pegava o animal, colocando um cabresto, que era enlaçado no pescoço e no focinho para lhe direcionar os movimentos, e o levava para perto de um barranco, onde introduzia o membro na égua ou na mula.

Evitava-se introduzir na mula, porque esta, depois de receber o membro, ficava fazendo movimentos por algum tempo. Por isso, quando isso acontecia, o menino ficava cavalgando com o animal até que parasse aquele movimento característico. Se fosse para casa, seus pais certamente saberiam que ele havia aprontado. Toda criança, nessa idade (meninos e meninas), queriam ir buscar o cavalo ou a égua no pasto. Os pais permitiam, porque era um modo de tornar a criança mais confiante e com iniciativa. De alguma maneira, isso aliviava o trabalho do pai. Quase sempre a criança era pequena e, para conseguir montar no animal, precisava ir perto de um barranco ou de um monte feito pelo cupim, comum naquela época nos pastos. A cavalgada se dava em pelo. Isso significava que a parte da genitália da criança (menino e menina) ficava em contato direto com as costas do animal. Havia, assim, uma fricção continuada, quando o animal andava, na xoxota da menina e na parte do menino que vai do ânus até o saco.

O menino ficava imediatamente com membro ereto e, às vezes, chegava à ejaculação. A menina poderia chegar ao orgasmo. Ambos não sabiam por que isso acontecia. Mas era prazeroso sentir aquela sensação. Não falavam daquela experiência com o pai nem com a mãe. Por vergonha. Sem saber, ambos estavam iniciando a vida sexual precocemente. A criança que morava na zona rural ficava adulta mais depressa. Era forçada a isso pela própria natureza.

Era comum os meninos reunirem-se em grupos para masturbar. Muitos arrebentavam a fimose com o movimento brusco das mãos. Dá-se a fimose quando o prepúcio (prega de pele que envolve a glande) dificulta ou impossibilita a exposição da cabeça do pênis. Mas essa reunião podia ser feita no pasto, pegando a potranca ou a bezerra recém-nascida. É uma espécie de curra que se fazia com os pequenos animais. Havia um moleque apelidado de caolho, porque era totalmente estrábico, que gostava de comer penosas. Qualquer uma. Um dia tentou pegar uma fêmea de porco-espinho. Desistiu! Para penetrar na pata, ele olhava para a galinha que passava ao lado, tal era o seu estrabismo. O membro era grande e parecia um sorvete de picolé. Não sei se o animal tem inteligência, mas as patas e as galinhas, quando o viam, gritavam e corriam como o diabo da cruz. A masturbação, nessa idade, dava-se várias vezes ao dia. Às vezes o membro ficava dolorido.

Todos achavam que a masturbação, várias vezes ao dia, poderia fazer o membro crescer. Tinha um negrinho, apelidado de Saci, que tinha uma tara especial pelo peru. O Saci tinha um membro descomunal. Um dia a mãe dele o flagrou no pomar, debaixo da goiabeira, pegando a Inezinha, uma mulatinha que não tinha mais do que seis anos, mas já sabia das coisas! Sua mãe deu-lhe uma surra e também contou para o pai dele, que lhe deu outra surra. Mas isso de nada valeu. O Saci continuou encontrando com a Inezinha. Só que mudavam de árvore constantemente. Nesse caso, o lobo perdia o pelo, mas não perdia a tara.

Lambança, filho da dona Jorgina, parteira conhecida em toda a cercania, resolveu enrabar uma galinha da raça legorne, o xodó da sua irmãzinha Margarida, de três aninhos. Era uma galinha branca e grande, bonita. O cara, de tanto se masturbar, tinha um membro cumprido e torto. Não deu outra. Deve ter feito algum estrago por dentro da penosa, porque ela passou a ficar triste e encostada pelos cantos. Já não era atraída nem pelo milho que a dona Jorgina jogava todos os dias. A velha resolveu fazer um caldo com a galinha. Ao saber do sacrifício que seria imposto à penosa, Lambança, apelido que havia conquistado desde tenra idade pelas travessuras que aprontava, ficou preocupado. Se sua mãe matasse a galinha, ele não iria comer o tal caldo que ela pretendia preparar. Se não o fizesse, a sua mãe, que não era boba nem nada, iria querer saber o motivo, já que o Lambança era vidrado em carne de galinha, mais do que a de porco. Foi quando ele arquitetou uma defesa em prol da galinha, já que se culpava pelo seu infortúnio. Disse à mãe que seria um ato cruel matar a galinha pela qual a sua irmãzinha havia se afeiçoado, só porque ela está temporariamente triste. O ato seria até mesmo desumano. Melhor seria que a deixasse quieta e que, possivelmente, ela se recuperaria. Lambança convenceu a mãe, que aquiesceu em conservar viva a galinha. Não é que, decorridos alguns dias, a galinha voltou à vida normal. Durante muito tempo ele não quis saber de galinhas, de patas ou de perus. Mas inventou de pegar a fêmea de um macaco-prego que vivia numa pequena mata próxima e que, de vez em quando, vinha roubar frutas no pomar. Lambança fez uma armadilha, junto à cerca, por onde a macaca costumava passar para vir ao pomar. Não deu outra. Conseguiu pegar a fêmea do macaco-prego. Amarrou as suas quatro patas. Quando estava preparando o bote para sacrificar a macaca, foi surpreendido pela sua mãe e levou a maior surra da sua vida e teve de soltar a macaca. Mas ele não se emendava. Foi fazer a mesma coisa com a gata da vizinha. Uma vira lata criadeira, que tinha enchido os quintais com mais de quatro dúzias de gatos. Não deu outra, acabou sendo arranhado no braço direito e perto do nariz, próximo aos olhos.

Para todo efeito, para a mãe, ele disse que tinha entrado numa moita de arranha gato, onde armara uma arapuca. Para quem não sabe, trata-se de uma árvore que nasce espontaneamente no pasto, de estatura média, cheia de galhos que se fecham em redor do tronco em forma de saia. Seus galhos têm espinhos pontiagudos até o tronco, o que dificulta a passagem. A desculpa colou. Conversando com o Saci, outro safado, o Lambança descobriu que para comer a gata, ele teria de colocá-la dentro de uma bota em que a cabeça, o corpo e as patas ficassem neutralizados. Não sei se os gatos se comunicam entre si. Só sei que, depois daquele dia, Lambança não conseguiu mais traçar nenhuma gata, porque não conseguia pegar. As poucas vezes em que conseguiu, a gata fazia tanto barulho que alertava a vizinhança. E ele não podia mais correr riscos…

• Cap 5 •

Do jeito que vinha do mato, sujo e suado, ia para cozinha comer um torrão de açúcar (branco ou redondo) para depois dormir. Isso por volta de oito horas da noite. Esse era um costume de toda criança em toda família. Naquela época, a higiene era muito precária. Não se escovava os dentes. As escolas, principalmente as chamadas escolas isoladas, não ensinavam nem se preocupavam com a higiene. O açúcar provocava uma doença apelidada de Amarelão, segunda a crença da época. Na realidade, a doença conhecida pelo nome vulgar de Amarelão era o que hoje é chamada de ancilostomíase ou ancilostomose. É uma doença parasitária causada pelos vermes *Ancylostoma duodenale* ou *Necatur americanus*. A doença provoca anemia e leva o doente a comer terra. É caracterizada pelo amarelecimento da pele, anemia e fraqueza generalizada. Quando a criança começava a ficar deitada pelo chão muito tempo, sem vontade de brincar ou de trabalhar, dava-se como certo a presença do Amarelão. Existiam os chás caseiros, como a de raiz de salsa, que curava a doença, diziam…

A cama era constituída de quatro paus em forma de forquilha fincados no chão (o piso era de terra batida). Colocava-se pedaços de madeira ou bambu sobre as forquilhas e se construía um estrado e, sobre ele, era colocado um colchão de tecido, formado por dois sacos, com uma entrada no meio. Enchia-se o saco com palha de milho e costurava. O barulho que fazia a cada mexida do corpo incomodava. A piorar a situação, num mesmo quarto, quase sempre, dormiam quatro ou cinco pessoas. As famílias eram numerosas e as casas para empregados não eram tão grandes. Mas tudo acabava dando certo. A saúde era precária, mas ninguém se dava conta disso. Tenho a impressão de que todos achavam que aquilo era normal. Quando alguém tinha alguma doença, havia a benzedeira que benzia de tudo, de espinhela caída até dor de estômago; de resfriado até quebranto (no sítio fala-se quebrante) e mal olhado. A benzedeira usava um galho de arruda para o benzimento de quebranto ou de mal olhado; quando terminava a reza o galho de arruda estava murcho. Isso era prova de que a doença tinha ido embora. Os benzedores e as benzedeiras eram pessoas respeitadas pela comunidade. Era como se tivessem poderes sobrenaturais. Eram tratados com deferência. Muitos se dirigiam a eles como "meu pai" ou "minha mãe", tal era o respeito.

Quando alguém ficava doente e o benzimento não resolvia, a pessoa mais procurada era a do farmacêutico, pois sempre existia pelo menos um na cidade. Era a pessoa em que todos confiavam. Ele próprio manipulava a maior parte dos remédios. A freguesia era paupérrima. Tinha de vender fiado, isto é, para pagar depois. Mas o pagamento poderia ser feito em espécie: frangos, ovos, quarto de leitosa, arroz, feijão. O homem da roça plantava arroz, feijão e milho e não precisava comprar na cidade. A precariedade da higiene era o fato gerador de inúmeras doenças. Não havia fossas nas colônias. Adultos e crianças faziam as suas necessidades no mato, no mandiocal, atrás de árvores, em qualquer lugar que pudesse ter privacidade mínima. Eram utilizados receptáculos para fezes e urina, denominado urinol, apelidado, por todos, de penico. À noite, quando a pessoa sentia necessidade de urinar ou de defecar, ela não saía do quarto, fazia ali mesmo, dentro do penico, sujeira que somente era jogada fora no dia seguinte. O odor fétido estendia-se por toda a casa fechada.

Até os animais eram mais higiênicos, porque faziam as suas necessidades ao ar livre, sem represamento do fedor. Costumava-se banhar de corpo inteiro somente aos sábados. Durante a semana, as crianças não estavam acostumadas ao banho diário. Lavavam-se, à beira do poço, enchendo as mãos com água e passando no rosto e no cabelo. Durante a semana, as mulheres faziam a mesma coisa. Colocavam água numa vasilha, que poderia ser uma pequena bacia, denominada bacia de rosto, e lavavam o rosto, o pescoço e umedeciam o cabelo para depois pentear. Cabelo molhado e penteado era sinal de limpeza. Os maridos vinham do eito, onde haviam trabalhado por cerca de dez horas, e iam se lavar na borda do poço comunitário que servia a três ou quatro casas. Tiravam a camisa e lavavam o peito, o rosto, o cabelo, o pescoço. Regaçavam a barra da calça até perto do joelho e lavavam também essa parte. O resto do corpo, coberto pela calça, não era lavado. Era como se essa parte não fosse tomada pela sujeira da lida. Aos sábados, os adultos tomavam o famoso banho de bacia. Uma bacia grande era enchida com água e o adulto tirava toda a roupa e sentava dentro. Não era utilizado sabonete. Era utilizado o sabão fabricado em casa, com sebo, cinza e gordura, conhecido como sabão de cinza.

O resultado era uma água turva, amarronzada. Ali estava depositada a sujeita de toda semana. A pessoa não passava outra água limpa no corpo. Já estava limpo... Aquela sujeira que permanecia no corpo, principalmente dos adultos, misturada com o suor, por vezes, com a chuva que caia no eito, com o pó, propiciava a proliferação de piolhos na cabeça das crianças e dos adultos. Esses piolhos eram parasitas que encontravam ambiente fértil entre pessoas com maus hábitos de higiene. A proliferação era imediata por meio de lêndeas, que são os ovos das parasitas depositados pelas fêmeas nos fios de cabelo. A coloração da parasita é esbranquiçada, e permanece grudada rente ao couro cabeludo, onde nasce o cabelo.

A parasita encontrava terreno fértil na zona rural e na cidade. O bicho passava de uma pessoa para muitas outras rapidamente, pois bastava que saltasse de uma cabeça para outra, ou que a pessoa usasse o boné ou o chapéu de outra pessoa, por segundos, que estaria contaminada. Nas escolas, um aluno passava para os demais, pois bastava que as cabeças se encontrassem por questão de segundos. Bastava que um aluno coçasse a cabeça para que os piolhos se alvoroçassem e passassem para os demais que estavam próximos. A coceira intensa causava feridas no couro cabeludo. Coçar sobre as lesões poderia propiciar infecção secundária da bactéria, e o surgimento de gânglios no pescoço. Quando aparecia essa aglomeração de parasitas, tinha-se uma espécie de epidemia, e não havia remédio que curasse. As mães ficavam horas com uma toalha sobre os joelhos e a cabeça do filho ou da filha sobre a toalha, passando o famoso pente fino, que ia arrancando piolhos e lêndeas. Com isso, conseguia retirar centenas de parasitas, lêndeas e ovos. Mas isso era apenas um paliativo, pois bastava que permanecesse uma lêndea para que o parasita proliferasse rapidamente às centenas. A saída era raspar a cabeça até a raiz para que o habitat fosse destruído. Mas se ficasse uma lêndea, com o crescimento do cabelo, o parasita passava a se reproduzir rapidamente. Havia mães que, desesperadas com a situação, passavam querosene na cabeça dos filhos.

 A falta de higiene também propiciava o surgimento de pulgas. A chamada pulga é o nome dado a um inseto sem asas da ordem *Siphonaptera*. São espécies de parasitas externas que se alimentam do sangue de animais mamíferos e de aves. O animal tem o sangue infectado e podem transmitir doenças, como o tifo e a peste bubônica. As pulgas infectam principalmente animais de estimação, como o gato e o cachorro.

 Essa espécie de parasita depende do hospedeiro para sobreviver. Passam com facilidade para outros animais que tenham contato com o hospedeiro. Além do incômodo das picadas, a pulga transmite vermes, parasitas sanguíneos e podem induzir a um processo alérgico, reduzindo a qualidade de vida do animal hospedeiro. A pulga, embora não possua asas, pode pular a uma distância de trinta centímetros, habilidade que lhe permite mudar de hospedeiro com facilidade. Assim, cães passeando pelas ruas, que ocasionalmente se encontram, podem vir a ser um novo hospedeiro.

O parasita causa um prurido intenso em virtude das picadas. O animal hospedeiro poderá desenvolver dermatite pruriginosa e pápulo-crostosa na região lombossacra, dorsal, coxal, caudo medial, abdômen ventral, flanco e pescoço com áreas de rarefação pilosa. Na zona rural era muito comum o surgimento desse parasita, em virtude do grande número de animais: porco, vaca, cavalos, aves etc. e a concentração de cachorros e gatos nas casas, sem maiores cuidados. Desenvolveu-se um modo paliativo de eliminar as pulgas. Usava-se uma barra de sabão para bater em cima da pulga e esta ficava grudada e era destruída. A dificuldade era que isso tinha de ser feito no escuro, pois com a claridade elas desapareciam rapidamente. Vê-se, pois, que o paliativo utilizado era simplório e não resolvia quase nada.

• Cap 6 •

Estamos em pleno verão. Não consegui dormi por causa do calor. Cada vez que me movimento no colchão de palha, o ruído ganha volume no silêncio da noite. Somos cinco, dormindo no mesmo quarto. O meu primo Neco está com o peito todo tomado, reminiscência de um resfriado que teima em não ir embora.

Estou acordado e a minha mente voa. Meus olhos estão atentos. Por aqui, as casas não têm forro. Vejo as telhas direto. As aranhas tecem as suas teias junto à madeira que dá suporte ao telhado. Com o tempo, a teia vai atraindo o pó e a fuligem que vêm das queimadas das roças e dos canaviais. A teia vai ficando grossa, com uma cor amarronzado, quase prestes e se transforma no picumã. No canto, através de uma fresta de telha quebrada, a luz da lua passa e vai refletir sobre uma tocha de picumã. Aparecem pontinhos brilhantes que se alternam sobre a teia de aranha, como se fossem pequeninos vagalumes. São pontinhos com colorido multicor. São tão pequenos que parecem a cabeça de um alfinete. Quanto mais olho, mais perco o sono. Deve ser por volta de três horas da madrugada.

Ouvi o primeiro galo cantar. Minha avó disse que Deus fez o Sol e a Lua no mesmo dia, como se fossem dois irmãos. Chamou a ambos, Sol e Lua, e disse à Lua: você vai dormir durante o dia e vai brilhar durante a noite; Sol, você vai brilhar durante o dia e vai descansar à noite.

Mas, desde a criação, Deus verificou que o Sol era meio preguiçoso e só queria dormir. Brilhava um pouco e apagava, enquanto a Lua sempre foi mais dedicada, mais obediente, projetava raios suaves. Enquanto a Lua era sempre dócil para com Deus, o Sol, desde o início, mostrou-se meio esquentado, pretensioso. Deus pensou bem e viu que não podia deixar o Sol muito à vontade, porque ele não iria cumprir o seu papel de estrela mais brilhante. Ele brilharia quando bem entendesse. Mas não poderia ser assim. Deus não disse ao Sol que toda a natureza iria depender dele. Se soubesse, era bem capaz de ficar tão cheio de si, que o seu ego iria estufar e poderia estourar, pois, desde o início, disse a Deus que queria ser chamado de Astro Rei. Diante dessa perspectiva nada alentadora, Deus resolveu de forma bem simples. Criaria o galo com a missão de todo dia acordar o Sol. Assim, Deus povoou o mundo com uma legião enorme de galos que cantam, durante toda a madrugada, começando por volta de três horas da manhã. No começo são alguns, minutos depois são muitos, logo depois são milhares e milhões. Dizem que o Sol fica tão irritado que se levanta mais esquentado ainda, soltando fogo pelas ventas, mas cumpre o seu papel de brilhar, brilhar muito, sem saber por que Deus não lhe disse sobre vida no Planeta Terra.

Minha avó disse que o galo é tão poderoso que, quando ele não canta, chove. Acho que o galo é a criatura mais importante do mundo. Controla o Sol e faz chover. Perguntei para minha avó por que o galo, sendo tão importante, dorme ao relento, no sereno, na chuva. Ela respondeu que se o galo se afastasse do galinheiro, ele perderia os seus poderes. A ele foi dada a missão divina de controlar o Sol e as galinhas do seu galinheiro. Sem o galo para protegê-las, as galinhas não teriam mais filhotes e, sem filhotes, não nasceriam mais galos. Isso seria o caos, disse ela! Sem o galo para acordar o Sol na hora que deve acordar, ele mergulharia num sono profundo e eterno e jamais acordaria. Deus sabia disso, por isso criou o galo. Sem os raios de sol refletidos sobre a terra, não nasceriam mais plantas e as existentes sucumbiriam aos poucos. Todos os animais, sem distinção, acabariam morrendo. Sem o Sol, não haveria plantas, sem plantas, não haveria comida. Os animais, todos, morreriam de inanição. Pior. Sem o Sol, a natureza acharia que era para chover. Haveria uma inundação dos rios, dos lagos, dos mares e todo ser vivente morreria afogado. A terra ficaria coberta de água. Os rios, os lagos e os mares se transformariam numa única coisa. Somente os habitantes do fundo do mar conseguiriam sobreviver, porque lá no fundo tem uma floresta de alimentos. Eu não sabia que o galo era tão importante. Ouço agora dezenas deles cantando. Um canta, o outro responde, o outro, os outros vão respondendo numa fila constante e interminável, até que os primeiros raios de sol começam a aparecer. Aí todos param de cantar. Embora distantes uns dos outros, eles sabem exatamente a hora de começar a cantar e a hora de parar, por meio do relógio biológico que é dado a cada um ao nascer.

    Fico pensando no canto do galo. São todos iguais. Perguntei para minha mãe para onde vai o galo quando ele morre? Ela disse que apenas o seu corpo morre, por causa do seu tempo de vida. Mas ele permanece aqui na Terra, porque a sua missão é eterna. Essa é a missão de todos os galos, quer em vida, quer depois de morto. Todos eles, após a morte, continuam cantando e protegendo as suas galinhas de uma forma oculta. O canto que você ouve ao longe, respondendo o canto do galo que está aqui, pode ser de um galo que já se foi. Nós não sabemos, porque não estamos lá no lugar do canto. Pode ser que lá não se veja o galo, só se ouça o canto. Mas os galos que estão vivos sabem. Sabem que um dia também morrerão e permanecerão cantando, onde estiverem aqui na Terra. Isso nunca me saiu da cabeça. E quando vejo um galo, sempre penso na missão importante de que foi incumbido. Ele deve ser mesmo protegido de Deus, porque nunca vi um galo mudo. Sem perceber, peguei no sono. Transformei-me num galo forte e bonito. Minhas penas brilhavam sob os raios da lua. Estava empoleirado num patamar mais alto. Estava chegando a hora de acordar o Sol. Sabia que não poderia falhar, pois era o meu canto juntamente com todos os cantos de todos os galos do mundo que fariam o Sol despertar. Isso vinha se repetindo há milênios. O Sol dependia de nós, galos, para sair do seu sono letárgico. Comecei a cantar com todas as minhas forças, olhando para o nascente. Ao mesmo tempo, centenas de milhões de galos também começaram a cantar. Ainda que não pudesse ouvi-los, sabia que estavam cantando, porque, logo depois, o Sol surgiu com toda a sua força, iluminando a Terra como nunca havia acontecido. Acordei com o pigarrear do Xandó, pato da vizinha que acordava todo dia às sete horas.

• Cap 7 •

Fico pensando na história que minha avó contou sobre o galo e sua missão. O galo não deve ser alegre, pois ele só canta naquelas horas, por obrigação. O galo é como a pessoa adulta. Não deve ser feliz. Eu nunca vou querer crescer. Acho que é muito complicado crescer e ser adulto. A vida de criança é mil vezes melhor. Não quero crescer, deixar de sorrir, de brincar, de correr pelos campos, de fazer armadilhas e de caçar, de ir nadar no rio, de passar horas em cima da mangueira. Quero permanecer pequeno e falar com as estrelas, pois sei que elas me entendem. Disseram-me que a gente não pode apontar o dedo para a estrela que nasce verruga na ponta. Meu pai disse que isso de falar com as estrelas é conversa mole de quem não tem o que fazer. Ele está sempre preocupado. Minha mãe disse que o meu pai cresceu e esqueceu-se da criança que era, e que está dentro dele. Não entendo como alguém pode crescer e esquecer-se de uma criança que está dentro dele. Ela deve ter morrido sufocada. A minha mãe também está sempre preocupada. As pessoas crescem e ficam complicadas. Eu não quero ser complicado. Minha mãe disse que todos são obrigados a crescer, ficar adulto, casar, ter filhos, e ser feliz. Mas olho para as pessoas adultas que casaram, tiveram filhos e não as vejo sorrir. Eu decidi que não quero crescer. Quero ser sempre criança. Por que deixar de ser criança? Está decidido. Não vou crescer. Não vou esquecer a criança dentro de mim, como fez o meu pai.

    Naquela sexta-feira, a festa do milho começaria logo à tardinha, quando meu pai e os vizinhos chegassem com vários sacos de milho verde. Era época de milho verde. Todos estavam reunidos na casa da tia Lindalva. Algumas centenas de espigas de milho foram derramadas na cozinha. A colheita do milho verde era sempre festa e comilança. Muita coisa gostosa era feita. A água era colocada para ferver num grande caldeirão, no qual seriam cozidas as espigas de milho que seriam servidas. Os meninos eram incumbidos de tirar a palha das espigas e as meninas deveriam retirar todo o cabelo que envolvia cada espiga. Era um trabalho que demandava muita paciência. Depois de feito, as espigas deveriam ser selecionadas em função da dureza do grão. No período de granar, umas espigas granavam mais depressa e o caroço endurecia; outras eram mais lentas e o caroço ficava mais mole e mais cremoso. O grão cremoso era utilizado para fazer curau (doce) e angu (salgado). As pamonhas doce e salgada eram feitas com grãos mais sólidos. Mulheres e homens ralavam todas as espigas, previamente separadas, e a parte cremosa era utilizada para fazer o curau e o angu. A palha retirada da espiga era transformada num recipiente no qual era colocado o creme do milho mais sólido. O recipiente era amarrado com fiapos retirados da própria palha do milho. A pamonha, assim elaborada, era colocada no caldeirão, com água quente para cozinhar. Ao ralar o milho para retirar o creme que estava dentro do caroço, sobrava uma pasta fibrosa da qual era feito o bolo de milho, que também poderia ser doce ou salgado. Depois desse preparo, o produto, desse trabalho coletivo, demorava cerca de quarenta minutos até uma hora para cozinhar.

    A expectativa era intensa. Os adultos, enquanto esperavam, tomavam pinga. As crianças brincavam para passar o tempo. No fundo da casa havia uma mesa rústica de tábuas, cercada por bancos compridos, também de tábuas; na mesa era colocado o curau, o angu, a pamonha e o bolo de milho. Todos comiam, naquele dia, esganadamente, curau doce e salgado, pamonha doce e salgada e bolo de milho, tudo isso misturado com caldo de cana natural, moída a cana na engenhoca do vizinho, chamado Tomé, localizada num pequeno galpão. Todos faziam a mesma coisa. Só minha avó não quis comer e disse que não tomava garapa quente. Quente era o modo de falar. Era garapa ao natural, pois naquela época não existia geladeira.

A mistura de produto de milho com garapa quente tinha como consequência um azedume total. Tudo aquilo entrava em ebulição no estomago e acabava no intestino em forma líquida, causando imediatamente mal-estar. O resultado era drástico. O interessante é que todo ano era a mesma coisa. Todos sofriam e não aprendiam a lição. As casas construídas para empregados na fazenda não tinham fossa, nem mesmo comunitária. Havia, sim, moitas e árvores comunitárias, nas quais todos iam liberar as suas necessidades. A festa estava boa. Todos tinham se fartado. Sabe como é? Come tudo hoje, pensando que amanhã não tem mais. Por volta de oito horas da noite, o senhor Venâncio, que havia enchido o caco de pinga e tinha dificuldade em se manter em pé, "chamou o Juca" e vomitou em cima de dona Cotinha, mulher educada, que estava estreando o vestido que ela mesma havia desenhado, cortado e costurado, e que viera oferecer a sua ajuda.

Dona Cotinha tentou limpar o vestido daquela massa pastosa, do jeito que dava, mas o cheiro era insuportável. Logo em seguida não deu outra. A garapa passou a fazer efeito de forma arrasadora. Minha avó que estava sossegada no seu quarto, berrou de lá, com o dedo em riste e o crucifixo na outra mão... Esse cheiro de enxofre é do Demônio. É o coisa ruim que está aqui e não quer ir embora... Vamos todos rezar pra espantar o tinhoso, o bode preto, o capiroto e belzebu.

Quando a velha veio para a sala, tapando o nariz com um pano de prato e uma vela acesa na mão, não encontrou viv'alma. A debandada tinha sido geral. Homens e mulheres corriam, desordenadamente, procuravam um lugar no mato.

O ambiente ficou tão irrespirável que os cinco gatos da casa, juntamente com um macaco-prego domesticado e o papagaio, foram morar no sítio vizinho e não mais voltaram. Naquela noite, ninguém dormiu na casa. A única que permaneceu no seu quarto foi a avó, rezando, desesperadamente, para expulsar o coisa ruim e, com a sua ida, eliminar o forte cheiro que invadiu todo o ambiente. O seu Venâncio foi curtir a bebedeira e os desarranjos intestinais no mangueirão dos porcos. Foi encontrado, pela manhã, dormindo ao lado de uma porca na parte lamacenta do chiqueiro, chafurdado na lama, enquanto os demais porcos ficaram no outro extremo do mangueirão. Diziam as más línguas que nem os porcos conseguiram permanecer junto ao seu Venâncio, tal era o mau cheiro que tomara conta de todo o local. Dona Cotinha desistiu de limpar o vestido. O cheiro não cedia e ela foi aconselhada pela avó a botar fogo no dito cujo, porque o vestido tinha sido tomado pelo capeta.

• Cap 8 •

Naquela noite de sábado, haveria uma festa de casamento na velha tulha, que não era mais usada, pois toda a cultura cafeeira havia sido erradicada, substituída pela cultura de cana-de-açúcar. A policultura, que resistiu durante vários séculos, fora tomada pela monocultura. A terra fértil, em virtude da matéria orgânica natural que se formava pelas folhas que caiam, pelo mato capinado, pelas soqueiras dos pés de arroz, de feijão e de amendoim, já não era mais a mesma. Antes tudo era aproveitado e transformava-se em adubo natural, não havendo necessidade de adubo químico. Com a vinda da monocultura da cana, passou-se a utilizar o mata mato e o adubo químico. Segundo os estendidos, o mata mato é um herbicida sistêmico que deve ser aplicado nas plantas daninhas. Não pode ser aplicado nas plantas úteis e nos gramados, pois pode matá-los. Com o uso do produto químico sem critérios, perdeu-se a oportunidade da produção de matéria orgânica natural.

A tulha era antes um depósito importante, pois guardava o que de mais valioso havia nos sítios, nas fazendas e no mundo: o café. Esse foi relegado ao ostracismo e a tulha ficou quase sem serventia. Passou a ser usada para guardar ferramentais e outras bugigangas. Enfim, passou a ser um depósito de coisas sem valor ou inúteis. A velha tulha estava situada na parte mais alta da fazenda.

Fora construída com tábuas originárias de madeira de lei vindas de Manaus. As tábuas, antes de serem utilizadas na construção, passavam por um processo de tratamento químico para resistir às intempéries do sol, da chuva, do vento e do cupim. Tinha uma cor amarronzada, puxando o chocolate. Na época, essa era a cor de todas as tulhas. As mesmas tábuas também eram utilizadas para o piso, que foram colocadas de forma simétrica, de modo que havia um encaixe perfeito entre elas. O seu porte ainda era nobre e majestático. Conservava o *aplomb* dos tempos idos, como se desconhecesse a revolução ocorrida nos costumes e ainda aguardasse, pacientemente, as "pepitas de ouro" das quais fora a guardiã por séculos. Quem fora concebida nobre, nunca seria plebe.

O mato que a circundava era prova viva do abandono a que fora submetida. Durante toda a sua existência, fora serva fiel, tratada com benemerência. Era a construção mais importante da fazenda. Ela ainda mantinha o porte nobreático. Mas sabia, embora não quisesse acreditar, que o seu tempo de glória havia terminado. Fora construída há mais de século. Era prova viva de um passado de fartura e de glórias que permanecera gravado na sua memória. Todas as pessoas, com as quais convivera, já haviam ido. Os filhos e netos dessas pessoas sabem sobre o passado por ouvirem dizer (*ex auditur*). Eu sentia que a vibração de épocas idas ainda estava ali. Guardada. Como uma relíquia. Seria capaz de jurar que sentia aquela vibração. A tulha certamente poderia ser usada para outras serventias, já que a época áurea do café tinha passado. Mas não foi aproveitada. Foi abandonada. O mato e a sujeira estavam corroendo as suas bases e um dia ela desapareceria. Sempre que vejo ou sinto a falta de consideração dos adultos para com as coisas que os cercam, mais me convenço de que não quero crescer. As crianças são mais sensíveis. Todos os meus amigos são sensíveis. O meu pai acha que conversar com as estrelas é coisa de quem não tem o que fazer! Isso é um absurdo!

Naquele dia, todas as suas portas se abriram para receber os nubentes. Por um momento, senti que desaparecera a tristeza, e o seu rosto de majestade se abrira num leve sorriso. No fundo, ela sabia que aqueles momentos eram passageiros e que tudo voltaria a ser aquilo que vinha sendo há quase cinco décadas. Aguardaria serenamente o seu fim, sem reclamar. Seria capaz de jurar que, naquele momento, ela queria me dizer alguma coisa.

Naquela noite, tudo seria festa. Todas as famílias, locais e da redondeza, estavam ali para comemorar. Havia uma mesa comprida colocada bem no meio, enfeitada com flores silvestres e fitas coloridas, muito comuns à época. Havia alguém roçando levemente as teclas de um acordeão (na roça era sanfona), desfilando músicas do gosto dos presentes. Nos encontros festivos, nunca poderia faltar a água que passarinho não bebe, a água benta, o cipó de matar cachorro louco, o cipó de amansar doido, o beijo da viúva, apelidos eufêmicos dados à pinga feita em alambique da região. O casamento era sempre um acontecimento muito esperado. E motivos não faltavam. E um deles era porque a moça estava embuchada. Nesse caso, dificilmente o namorado ou o noivo que engravidava a moça de família fugia à responsabilidade. Antes do casamento havia uma combinação prévia entre o namorado ou o noivo com os pais da moça, em que o moço estava interessado ou mesmo que havia engravidado. Para evitar gastos com festas, marcava-se determinado dia, geralmente uma sexta-feira à noite, para que o noivo não perdesse dia de serviço no eito. Tudo combinado, o futuro marido vinha "roubar a moça". Ele trazia consigo uma muda de roupa e a moça já o esperava com uma pequena sacola, na qual levaria tudo que era necessário para o coito da primeira noite, que poderia ser feito em qualquer lugar, até mesmo ao ar livre.

O moço vinha por volta de dez horas da noite, dava o sinal, que poderia ser um assobio, combinado previamente, ou uma pigarreada forte. Para todo efeito, os pais da moça tinham que estar dormindo para que não ouvissem nem vissem quando a filha fosse roubada. Às vezes a coisa era feita com tanta autenticidade que a moça fugia pela janela, e já montava na garupa do cavalo do futuro marido. O trato do futuro genro com a família era sempre cumprido, fizesse noite de lua, com céu estrelado, ou com chuva. No dia seguinte, os dois fugitivos apareciam na casa dos pais da moça. Estes, quase sempre, faziam-se de desentendidos, dando a entender que foram pegos de surpresa com o sumiço da filha.

A história dos fugitivos, certamente, seria assunto para mais de semana. As mulheres da colônia falariam entre si, fuxicando, como se aquilo fosse alguma coisa pecaminosa. Muitas acusariam os pais da noiva de haver consentido que a filha fosse embora com o noivo, antes de assinar o preto no branco. No fundo, todos sabiam da verdade verdadeira. Mas a fofoca deveria ser incentivada, mesmo porque, numa vida monótona com aquela, não era pecado falar mal da vida dos outros. Depois, estavam entre amigos...

Se formos buscar os fundamentos para o casamento de pessoas jovens na zona rural, veremos que existiam duas hipóteses: primeira, o desprestígio da filha com mais de dezoito anos. A partir dessa idade, a possibilidade de a filha ficar pra titia era, praticamente, certa. Era de sabença popular que a moça donzela, depois dos 20 anos, tinha o útero endurecido e empedrado, não servindo mais para procriar. A segunda era que a filha deixasse de pesar nas costas do pai, isto é, era uma boca a menos para comer. Casada, o marido passava a ser o responsável pela mulher e pelos filhos que viessem. Com o casamento, a mulher passava à condição de teúda e de manteúda.

No folclórico rural, contava-se que havia um rapaz muito tímido, que não conseguia se aproximar de nenhuma moça donzela. Mas o seu pai conseguiu que ele se casasse com uma moça do sítio vizinho. Era a Conceição. Moça prendada e louca para casar, porque o prazo de validade estava se esgotando. O rapaz casou e foi morar com o sogro. A lua de mel foi em casa mesmo, porque não tinha dinheiro para gastar na viagem. Depois, iriam para onde? Terminada a festa do casório, os dois foram para o quarto preparado, com esmero, pela mãe da moça, que borrifou até gotas de um perfume que havia ganhado do dono da venda, na cidade onde faziam compra para passar o mês. Embora no sítio seja costume acordar por volta de quatro horas da manhã, naquela primeira noite eles ficaram no quarto até às 8 horas. O almoço era por volta de dez horas. A mãe, curiosa, perguntou para a filha como é que foi o pega? A filha respondeu que não houve pega. Que nunca viu alguém dormir tanto.

Parecia um anjo. Nem roncava. Nos dias que se seguiram, também não aconteceu nada. A mãe, preocupada, contou para o marido o que estava acontecendo. Buzinou no ouvido do marido que aquilo não estava certo e que ele, marido, tinha que dar um jeito.

– Eu não tenho que dá jeito ninhum, ela é minha fia, uai.

– Não, seu burro, eu quero dizê que ocê tem de conversá cum ele, o brocha, e explicá direitinho como é que o marido faz cum a muié.

–Tá bão. Manhã memo, quando ele for prá roça, dô um jeitu nissu.

No outro dia, bem cedo, o sogro Damião acordou o genro para ir para o eito trabalhar. No caminho, meio sem jeito, o sogro fez menção de entrar no assunto, quando, logo na frente, viu um cachorro fazenda as preliminares para se atracar com a cadela. Foi a sopa no mel. Não teve dúvida. Falou para o genro:

– Marcelino, óia bem oiado no que esses dois vão aprontar. É isso que ocê tem que fazê co'a minha fia. Sem tirá nem por.

Foi embora e deixou o genro Marcelinho aprendendo com o cachorro. Quando voltaram para casa, à tardinha, o moço não quis nem comer a comida que a sogra havia preparado com tanto gosto. Pegou a mulher e levou logo para o quarto, sem pedir nada... ali, com toda macheza. Lá ficaram no rola-rola até o dia seguinte, quando deixaram a cama por volta de oito horas. Ele saiu todo importante, sem camisa, mostrando o físico de macho, que, cá entre nós, não era lá grande coisa. A mãe, curiosa (bota curiosidade nisso), já estava fazendo planos para o futuro neto que ia nascer. Pergunta para a filha:

– Entonce, como foi? A coisa rolô?

A filha responde:

– Rolô.... ele rolô a noite inteira... cheirando a minha xoxota e mijando no pé da cama. O fio de duma égua só fartô lati...!

Cap 9

A vida do trabalhador rural, naquela época, era muito sofrida. Todos os membros da família tinham que trabalhar, adultos e crianças. A cultura do café, por volta de 1925 e 1929, estava em pleno vigor, quando veio a queima de estoques de café determinada pelo governo de Getúlio Vargas. Os empregados, como regra, eram contratados na qualidade de "colonos". Colono era aquele contratado para tomar conta de tantos milheiros de pés de café quanto fosse a sua possibilidade. Uma família pequena, na qual só o marido e a mulher trabalhavam, poderia cuidar de cinco mil pés. Em princípio, famílias pequenas, não interessavam ao fazendeiro, porque ele estava obrigado a dar casa para morar e poderia não compensar. O interesse era sobre famílias grandes, que pudessem cuidar de trinta ou quarenta mil pés. O tamanho da casa entregue para morar era de acordo com os milheiros de pés que a família iria tratar. Quando não havia famílias grandes, aceitava famílias médias, com possibilidade de cuidar de vinte mil pés de café. Constava do contrato que o colono e sua família (filhos, filhas) deveriam tratar (esse era o termo usado) de tantos milheiros de café, obrigando-se a fazer quatro carpas durante o ano e aplicar inseticida fornecido pelo fazendeiro, para matar brocas. Deveria fazer o rodízio em torno do pé de café, conservando sempre limpo embaixo da saia do cafeeiro. Na época própria, deveria efetuar a colheita do café com as mãos, para não estragar a árvore (o patrão não fornecia luvas e as mãos ficavam machucadas). Estendia-se um encerado, fornecido pelo patrão, para forrar debaixo e em redor do pé de café. Os grãos eram derriçados sobre o encerado.

O café caído no encerado era abanado com uma peneira, retirando-se as folhas, e era colocado nos sacos. Os grãos que caiam no chão eram rastelados, abanados e colocados nos sacos. O serviço de colheita do café era muito trabalhoso e penoso. O abanador ficava coberto pelo pó que era jogado pela peneira a uma altura de cerca de dois metros, para que ficassem somente os grãos limpos na peneira. Cada família poderia plantar no vão que existia entre duas fileiras de pés de café, uma carreira de arroz e uma de feijão e, no meio de ambas, poderia plantar milho. Isso significava que cada família produzia arroz, feijão e milho para o gasto, sem necessidade de comprar na venda da cidade.

O fazendeiro, durante o ano inteiro, investia as suas economias na colheita. Nesse período de investimento, poderia ganhar algum dinheiro com a venda de leite ou na venda de alguma cabeça de gado. Na época, não se pensava em produção de frutas. Se a região fosse fértil para outras culturas, poderia também ganhar algum dinheiro. O empregado não recebia dinheiro vivo durante o ano todo. Como a família precisava sobreviver, o fazendeiro autorizava (dava uma ordem por escrito) ao dono da venda a entregar o que lhe fosse pedido até o valor "X". Esse adiantamento era feito de conformidade com o estado da lavoura, sob a responsabilidade do colono. O comerciante tinha acordo com o fazendeiro de só receber o valor das vendas, que efetuasse para os colonos no final do ano, depois da venda do café. Esse costume, que havia se alastrado, tinha um efeito perverso, pois quem perdia sempre era o trabalhador e sua família.

O armazém que iria vender, autorizado pelo fazendeiro, entregava a pior mercadoria que tivesse (rebotalho) a preço superior ao vendido na praça. O trabalhador não reclamava, porque achava que o comerciante estava fazendo favor vendendo fiado. No acerto que era feito no final do ano, o fazendeiro deduzia todos os adiantamentos que havia feito para o trabalhador comprar na venda. O fazendeiro, quando ia acertar com o vendeiro, conseguia um desconto razoável que poderia atingir a cifra de 30%. Mas cobrava do trabalhador aquele preço exorbitante, pois considerava que o desconto era para ele. O fazendeiro poderia permitir que o colono colocasse um animal no pasto (cavalo, burro, mula, vaca etc.), ou poderia cobrar pelo espaço ocupado e pelo capim consumido. A contabilidade era feita pelo próprio fazendeiro, que poderia errar nas contas e, costumeiramente, errava. O empregado jamais conseguia ter saldo credor da contabilidade. Pior. Não havia lei reconhecendo os seus direitos.

A ida à cidade com o meu pai e o meu irmão mais velho era divertida. Só vínhamos à cidade uma vez por mês. No sítio, não tinha carros, sorvete, barulho de buzinas. O movimento que ali víamos o tempo todo era atraente. Na cidade, tudo era muito diferente. Víamos pessoas que nunca tínhamos visto. Elas falavam alto. Vestiam-se melhor do que nós. Era como se estivéssemos vendo uma paisagem viva da qual não fizéssemos parte do cenário. Era outro mundo ao qual não pertencíamos. Mas gostávamos daquele mundo. Olhava para o meu irmão e via os seus olhinhos castanhos brilharem, sem piscar, temendo perder alguma coisa. Às vezes via-o engolindo o excesso de saliva que juntara na boca, fazendo aquele movimento de pescoço para engolir. O suor escoria pelo seu rosto e parava logo abaixo do queixo, transformando-se em pelotinhas esbranquiçadas de sal. A gente não cansava de olhar, de ouvir e de admirar tudo que víamos. Lá dentro, no nosso recôndito, tínhamos a vontade e a esperança de que, um dia, viríamos para aquele lugar. Quando entrávamos no armazém onde meu pai permanecia por horas para fazer todas as compras do mês, lendo uma lista que a minha mãe havia feito, era como se estivéssemos entrando num lugar mágico, o qual tinha de tudo. Inúmeras gôndolas de madeira em marfim, finamente fabricadas, com detalhes em frisos escuros da cor do tabaco, utilizadas para acondicionar o arroz, o feijão, o milho, a quirera, o amendoim, o açúcar (refinado, cristal e o açúcar redondo [mascavo], este de cor achocolatada). Ao vermos essa gôndola, os nossos olhos brilhavam e os nossos coraçõezinhos disparavam. Ficávamos ofegantes. Eu olho para o meu irmão e ele está olhando disfarçadamente para os empregados e para o dono do armazém. Todos estão ocupados nos seus afazeres de atender os clientes e nós estaríamos à vontade para avançar, sorrateiramente, num torrão de açúcar, enfiá-lo na boca, depressa e esganadamente, e sair de fininho, com a boca fechada, em direção à porta de entrada, como se nada houvesse acontecido.

Esse assalto à gôndola do açúcar redondo repetia-se por várias vezes, até começarmos a sentir enjoo e, com ele, uma leve dor de cabeça. Mas o excesso cometido valia a pena. Aquele gostinho do açúcar ficaria no nosso paladar e no pensamento durante todo o mês. Em casa, a gente comia o açúcar refinado. Dependendo do dinheiro que meu pai tinha no bolso, a gente poderia comer uma coxinha de frango no bar e tomar um sorvete de uva passa, que era o mais barato. Às vezes comia coxinha, mas não dava para o sorvete, às vezes dava para o sorvete e não dava para a coxinha; muitas vezes não dava para nada, porque não havia dinheiro. O dono da venda colocava um garrafão de pinga no canto do balcão, para que os fregueses se servissem sem pagar nada. Geralmente os fregueses que vinham das fazendas aproveitavam, que era de graça, e enchiam o caco. Não dava outra. Ficavam altos ou até mesmo bêbados de cair, sem conseguir voltar para casa. Era uma lástima ver aqueles homens, trabalhadores, pobres, com os olhos avermelhados, babando na camisa, deitados na calçada, sonolentos, e sem força para levantar. Outros conseguiam ficar em pé e passavam a falar alto, de forma inconveniente. Lembro-me de um senhor, pai de um menino de nome Aníbal, que, ao se embebedar, ficava falante e repetindo frases desconexas, levantando o braço e colocando o dedo em riste. Era objeto de chacotas e os garotos se divertiam, repetindo as mesmas frases. Meu pai sempre bebeu moderadamente. Nunca sequer ficou alto. A volta para casa, já de tardinha, era seguida de certa nostalgia que iria nos acompanhar por algum tempo. Logo depois, a nostalgia transformava-se numa lembrança gostosa e, depois de algum tempo, já começávamos a ficar ansiosos à espera da próxima ida à cidade.

No folclore rural encontramos inúmeras anedotas. Existe uma que diz que o roceiro foi à cidade fazer a compra para o mês. Era comum, ir montado em um cavalo, num burro ou numa mula de sela. Emendava dois sacos vazios de farinha de trigo, com uma abertura no meio, que era colocado em cima do lombo do animal, pendendo para ambos os lados, depois de cheios de mercadorias. Um dos roceiros de nome Firmino, mulato arretado, com cerca de um metro e 90, naquele dia, abusou da cachaça que era oferecida gratuitamente. Encheu o caco. Ficou tão bêbado que estava chamando Jesus Cristo de Genésio. Chegada a hora de ir embora, pediu para alguém colocar os sacos com a mercadoria no lombo do animal.

Contam que o Firmino pediu ajuda para os santos da sua devoção e tentou montar no cavalo e não mediu a força, e foi cair no outro lado da montaria e em cima de um espinheiro. Aí o homem ficou bravo e deu uma carraspança nos santos.

Feito isso, ele foi montar no animal e não conseguiu. Tentou mais duas vezes e simplesmente não conseguiu. Foi então que ele se lembrou do santo da sua devoção: São Expedito. Pediu baixinho ao santo, mas fervorosamente, que o ajudasse a montar o animal. Fez o esforço e conseguiu ir até a metade e caiu. Embora bêbado, ele concluiu que um santo só não estava resolvendo. Foi aí que teve a ideia brilhante de pedir também para São Benedito. Fechou os olhos e, baixinho, mas fervorosamente, implorou para o santo que, juntamente com São Expedito, ajudasse-o a montar no cavalo. Feita a prece, estufou o peito, pôs o pé no estribo confiante, pois sabia que, dessa vez, iria conseguir. O arranque do corpo foi tão forte que ele passou por cima do cavalo e foi cair de outro lado, em cima de um pé de juá bravo, planta rasteira cheia de espinhos. Ele levantou, limpou a roupa, olhou para ambos os lados e, desconfiado, repreendeu os santos.

– Ocês tão de brincadera cumigo; si num quisé ajudá num ajuda, mais si quisé, vamu cum mais carma, sô.

Dizem que depois dessa esparrela dada nos santos, ele conseguiu subir no lombo do animal e seguir o caminho de casa, caminho, aliás, que o animal conhecia bem.

O seu Zé da Friera, apelido que ganhara por ter uma frieira crônica nos dois pés, sempre andou de pé no chão. Sapato, nem pensar. Primeiro, porque custava caro, segundo, porque não conseguiria calçar, dado inchaço do pé. Zé da Frieira havia plantado arroz e milho e prometeu a São Benedito que se a colheita fosse muito boa, mas boa mesmo, ele daria ao santo aquilo que ele mais prezava, que era o seu bode de estimação, criado por ele, desde pequeno. O tempo passou, a colheita veio além das expectativas. Colheu tanto que encheu dois paióis de milho e encheu a casa de sacas de arroz. Contente, ele foi à cidade cumprir a promessa que tinha feito ao santo. Ele não era homem de negar fogo. Se prometeu, tinha de cumprir. Chegou com o bode, a Igreja estava vazia. Foi aos pés do santo rezou um Padre Nosso e uma Ave Maria, a única reza que sabia fazer. Não fez o sinal da cruz, porque não sabia esparramar as palavrinhas pela cara. Levantou-se e entregou o bode ao São Benedito, falando:

– O que foi prumetido não é caru. Prumeti pro sinhô o meu bode e ele tá aqui. Podi pegá. É seu, ué.

O santo não se mexia...

Falou outra vez:

– Eu sei que o senhô tá mi uvindu. Entonce não adianta fazê que num está nem aí pro bode. Num vô fartá com a minha prumessa. Num sô home dissu! Uai!

Como o santo não respondia, Zé da Frieira, homem meio esquentado, amarrou a outra ponta à corda que estava no pescoço do bode no pé do santo. Já estava caminhando de volta e tinha caminhado uns cem metros da Igreja, quando ouviu o barulho do bode em disparada atrás dele, arrastando a imagem do São

Benedito. O bode, que estava acostumado com ele, parou. Aí Zé passou uma carraspana no santo.

– Inté agora ocê tava fazendo disfeita pra eu, lá na Igreja. Fez de conta que nun quiria o bichinho. Agora que ele num quis ficá cum ocê, tá correndo atrás dele. Eu cumpri o prumetido. Ocê fez luxinho. Agora o bode vorta cumigo.

Dizendo isso, Zé das Friera soltou a corda do pé do santo e foi embora com o bode. Mas antes de ir, falou para o santo:

– Ucê agora volta suzinho lá pra Igreja, a pé, só pra aprendê... Uai.

• Cap 10 •

Às sextas-feiras era comum as pessoas da colônia unirem-se em determinado ponto para jogar conversa fora. Ali se falava de tudo, desde os trabalhos da lavoura até as fofocas do momento. Tudo era dito dentro do maior respeito, pois todos eram amigos. Ainda que se aumentasse um pouquinho em cima da fofoca, não tinha a menor importância, pois aquilo que era dito, *intra muros, in petit comitê*, isto é, entre as pessoas presentes, não sairia dali. Era uma fofoca atípica que não tinha pernas compridas. As fofocas eram até meio infantis. Jamais se falava sobre a mulher ou sobre as filhas dos amigos. Não tinha esse negócio de ficar com a mulher do outro. Nessa parte, havia respeito. Se alguém ficasse com a mulher do amigo, não confessaria nem sob tortura. Havia duas coisas que nenhum homem falava: que tinha comido a mulher do amigo ou que tinha hemorroida. O interessante mesmo eram os "causus" que se contava ou que se inventava, pouco importava. A grande maioria queria mesmo era ir ficando para não voltar para casa cedo. Sexta-feira era o dia que os homens tinham uma espécie de alvará para chegar tarde, quando a mulher já estava no seu terceiro sono. O seu Bento, um negro retinto, alto, dono de um corpanzil que devia pesar por volta de cem quilos, era mestre em contar e em inventar histórias. A noite vinha, acendia-se uma lamparina à querosene e colocava-a sobre a mesa da sala, que era na frente da casa. A iluminação saía pela porta da sala ou pela janela e se projetava sobre o local onde todos estavam acomodados. A negrura do seu Bento misturava-se com a escuridão da noite à medida que ele ficava fora da réstia de luz. Seu Bento era uma figura muito querida de todos. Quando falava, apenas os dois caninos brancos reluziam, já que não tinha os demais dentes da frente da arcada de cima. Contou que havia um homem muito mulherengo em quem a mulher fazia marcação cerrada. Não acreditava em nada que ele falava. Uma noite, o homem estava dormindo e começou a falar o nome de uma mulher. Falava Antonia, Antonia; era Antonia daqui e Antonia dali. Foi aí que sua mulher acordou com a conversa e exigiu explicações: quem é essa tal de Antonia que você tá falando e babando? O marido não se deu por achado. Sentou na cama e disse: "muié ocê é uma anta de galocha. Muitu burra memo. Ocê num acridita nu que eu falu nem quandu tô acordadu. Agora, vai acreditá nu que eu falu, quandu tô drumindo...!!!!!". Virou pro lado e dormiu o sono dos puros...

    Também contou que, nas bandas do Moinho D'água, próximo da Figueira Grande, morava um menino sardento com apelido de Zarôio, por causa de uma vesguice de nascença. Zarôio era o terror das galinhas, das patas e das peruas. Não enjeitava também uma galinha d'angola. O moleque era tão tarado por penosa que não enjeitaria nem a fêmea do urubu. Dizem que o Lúcifer, o Coisa Ruim, o Danado, cismou de castigar o moleque. Zarôio estava descansando de baixo da figueira à espera de que alguma penosa incauta passasse por ali para ele traçar. Não deu outra. O diabo transformou-se numa apetitosa pata e veio andando vagarosamente para a sombra da figueira, fazendo quá-quá quá-quá. Zarôio, com a rapidez de um foguete, juntou a pata e levou para trás da figueira, para que ninguém, que ali passasse, visse a trepação. Zarôio tinha o membro alongado e torto de tanto masturbar. A cabeça do dito cujo parecia um pimentão vermelho arroxeado e era grosso que parecia uma banana nanica granada e graúda. O capeta sentiu a coisa pretejar quando Zarôio começou a ir e vir, segurando a pata pelo pescoço para não fugir. O membro do Zarôio era demais até para o capeta, que quis fugir, não conseguiu, porque o moleque ia acabar enforcando a pata. Foi então que o capeta teve a ideia de amedrontar o moleque, soltando fogo pelo bico e pelos olhos. Zarôio, que já tinha ouvido falar das diabrisses do coisa ruim naquelas paragens, percebeu que a pata era o próprio capeta travestido. Zarôio apertou o pescoço da pata e não se intimidou.

Dizem que depois dessa esparrela o diabo desapareceu daquelas bandas com o rabo quente entre as pernas. Zarôio continuou sendo o terror das penosas naquelas redondezas. O seu Bento terminou o encontro daquela noite contando uma história que dizia ser verdadeira, pois ele mesmo tinha participado do acontecido, juntamente com um amigo seu. Moravam, ambos, na Fazenda Santa Olga e tinham ido fazer compra, a pé, na cidade. Na volta, caminhando pela estrada, já passando bem ao largo das seis da tarde, quase sete, quando começa a hora da Ave Maria, ouviram uma voz vindo do mato, à direita de onde caminhavam. A voz gemia de dor. Uma dor muito dolorida. O seu amigo, que era versado nessas coisas de alma do outro mundo, disse:

– Issu é arma du otru mundu. Nóis vai tê que rezá, rezá forte, pr'essa danada segui o caminho dela!

– Eu estava todo arrepiado... A alma continua gemendo e gemendo triste e dolorido, quando meu amigo disse: "vou preguntá prá o que ela tá precisando".

Nessa altura, pregunta o meu amigo:

– Océ qué uma missa?

A alma respondeu:

– Nãaaaaaaaaaaaaa – bem doído.

– Océ qué que reze um terço?

Mais uma vez, ela respondeu:

– nãaaaaaaaaaaaaaaa.

Foi quando ele fez a pergunta certa:

– Entonce, o que quí ocê qué bendita arma?

O cara que estava atrás da moita, soltando o barro, disse, numa voz dolorida:

– Eu quero um pedaço de jornaaaaaaaaaaaalll.

Depois dessa, todos foram para as suas casas rindo, rindo muito. A sexta-feira à noite era o melhor dia da semana, pois amigos se encontravam para conversar, para ouvir e contar "causus".

A vida na zona rural era sem altos e baixos. Transcorriam anos em linha reta. Vivia-se. Aqueles que ali estavam não tinham maiores exigências. Trabalhavam de sol a sol, com o nascer e quando o sol começava a ir embora. Sentiam-se recompensados quando existia na fazenda ou próxima dela uma escola para alfabetizar os seus filhos. Como regra, os pais não tinham escolaridade. Eram pessoas de pouca ou de nenhuma letra, diziam. Na verdade, não tinham letra nenhuma. Conseguiam sobreviver com o suor do trabalho. A distração do homem da roça era fazer filho e pescar. Não havia televisão, por isso todos iam dormir cedo, por volta de oito horas, porque no outro dia tinham de acordar cedo, por volta de quatro da manhã, para estar no eito por volta de cinco horas. Como não tinha o que fazer, à noite, faziam filho. As famílias eram numerosas. Quanto mais filhos para trabalhar, maiores eram as chances de a família ser aceita pelo fazendeiro para trabalhar como colono. A preferência era pelo filho homem, por motivos óbvios.

Quando a mulher estava grávida, a expectativa era de que nascesse filho homem. A filha mulher era um problema sério. Mesmo assim, havia um número muito grande de mulheres que iam para o eito, trabalhar com enxada na mão ou mesmo abanando café. Elas se enrolavam todas em panos e mais panos, que cobriam desde o pé, indo pelos braços e chegando ao pescoço. A cabeça era enrolada por panos e, sobre o pano, colocava-se um chapéu de palha com aba larga. Ficavam somente com parte dos olhos, nariz e boca de fora. Era uma espécie de "burca" caipira. Faziam isso para não queimar a pele pelo sol escaldante e para que não adquirissem rugas precocemente. Como regra, não cuidavam da pele. Nem sabiam o que era isso. Lavavam o rosto com sabão feito em casa à base de cinza, sebo e gordura. Era uma lástima. Apesar de toda a proteção, o envelhecimento precoce era uma consequência incontornável. Casar antes dos vinte anos era uma preocupação dos pais e da própria mulher. Esta devia ter menos de vinte anos para que pudesse constituir família. Depois dessa idade, a exemplo das frutas que amadurecem no pé e não são apanhadas, a mulher era uma espécie de fruta que não encontrava quem a quisesse. A piorar a situação, havia um entendimento passado de gerações de que a moça ao chegar aos vinte anos tinha o útero endurecido e não prestava mais para constituir família. Era uma espécie de sentença de morte ou de prisão eterna. Era condenada a viver solitariamente.

A moça solteira se resignava. Mesmo porque não havia outra saída. Não se ouvia falar de prostituição na zona rural e as moças donzelas iam amargar a sua sina, vendo passar ano após ano. É possível que existissem casos em que a virgindade fosse rompida por algum benemerente. Mas, em havendo, tudo ficaria num segredo tumular, a não ser que a moça engravidasse. Mas se isso acontecesse, o segredo continuaria, porque ela, certamente, desapareceria do local. Era uma moral perversa que castigava sem piedade. A moça solteira grávida era como se houvesse contraído uma doença grave, pegajosa. Se permanecesse no local, sua vida se transformaria num inferno e a criança seria estigmatizada como fruto do pecado. Era assim, uma moral hipócrita. Mas aquela gente, com pouco discernimento, apenas estava cumprindo aquilo que vinha sendo transmitido por gerações anteriores. O que ninguém contava, e todos sabiam, é que entre namorados e noivos existia o sexo oral e anal. Era uma saída aceita por todos. O homem e a mulher do campo tinham a libido aflorada muito cedo e com uma fogosidade difícil de domar. Naquela época, eram como dois animais: a égua no cio constante, atraindo o macho cuja testosterona invadia o corpo e a mente de forma incontrolável, a exemplo do que acontecia com os animais. Quem morou em fazenda sabe que o cavalo e o boi, quando não estão castrados, são capazes de se atirarem sobre uma cerca de arame farpado para copular com a fêmea do outro lado da cerca. Ainda que em intensidade menor, sem esses arroubos animalescos, assim era também com as pessoas enamoradas.

Contavam os moradores daquela região que na Fazenda do Juca Leiteiro existia um boi que valia muito dinheiro e que era utilizado para cobrir (enxertar) as vacas da redondeza. Naquela época, isso era feito ao natural, não se retirava o sêmen para inseminação artificial. O famoso boi era apelidado de Carambola. Esse nome era conhecido em toda a região pela sua macheza. Num determinado dia, alguém trouxe uma bela novilha ainda virgem e a colocara num cercado, distante do lugar onde repousava o boi Carambola, para a cobertura da novilha no dia seguinte. Naquele dia, o boi já havia efetuado cinco coberturas e o dono não queria desgastá-lo. Não que Carambola enjeitasse qualquer trepação, mas era melhor preservá-lo. Naquela noite, quando todos dormiam, aconteceu o que seria previsível para aqueles que o conheciam. O boi Carambola ficou tão empolgado pela novilha, por aquele jeitinho de fêmea no cio que, num rasgo de ausência de lucidez animalesca, tomou distância e atirou seu corpanzil de uma tonelada sobre a cerca de arame farpado que o separava da bela e apetitosa novilha. Quando chegou do outro lado, Carambola sentiu que já não era o mesmo... Dizem os entendidos da fala animal que, ao chegar do outro lado, a novilha teria perguntado num tom coquete tremelicando os olhos:

– Carambola, você não me resistiu?

Ele teria respondido de maneira boiesca (machista):

– Me chame apenas de Caramba, porque as bolas ficaram espetadas na cerca...!!!

• Cap 11 •

    Geralmente as mulheres casadas que moram no sítio, ali nasceram e cresceram, trabalhando de sol a sol. Quando muito, elas fizeram o primário numa escola isolada, se o pai permitiu! Havia entendimento de que filha mulher (na roça falava-se assim) não precisava estudar. Como soe acontecer, assimilavam os usos e os costumes da região, as crendices, as normas de conduta que aprenderam com as suas mães e suas avós e com a comunidade que frequentavam. Aprendiam principalmente como deveriam fazer para conservar o marido. Eram pessoas tementes a Deus e, como regra, eram mães prestimosas, dentro de um ambiente sadio, onde as crianças adquiriam logo cedo a liberdade para ir e vir. Não existiam maiores perigos, por isso o menino e a menina, com cinco ou seis anos, andava e ia para todo o lado, inclusive buscar um animal no pasto. Mas essas mulheres não podiam dar além daquilo que tinham, isto é, daquilo que aprenderam quando eram crianças, do patrimônio moral que carregavam consigo. Como regra, toda a prole continuava trabalhando na lavoura e assim acontecia com as proles vindouras. Algumas dessas mulheres tinham um discernimento que poderia ser chamado de atípico ou diferente, pelo fato de fugir à regra comum da comunidade e da região. Por isso, mercê da força dessas mulheres, o marido era convencido a deixar a vida dura do eito para se aventurar na cidade, onde haveria a possibilidade de os filhos estudarem e de aprenderem uma profissão vitalícia, quiçá galgar cargos elevados, como aconteceu com muitos. Podemos dizer que sempre que isso acontecia era porque as mães tiveram uma intuição ou inspiração que, quase sempre, dava certo.

De qualquer forma, as regras consuetudinárias, isto é, aquele costume próprio da região, que vinha sendo imposto, obedecia o que se fazia há séculos; era o que normalmente prevalecia. Embora a mulher que vivia nesse mundo pudesse ser comparada a uma pessoa simples, não simplória, no fundo, ela sabia das coisas e tinha discernimento para saber aquilo que podia dizer e aquilo que não podia ser dito. O homem da roça, considerado rústico, tinha, como regra, temperamento forte e não tinha propensão para perdoar deslizes, mormente da sua mulher. Aí estava o "x" da questão. Todos sabem que a regra na região agrícola era a prole grande. As mulheres tinham, quase sempre, natureza criadeira. Ambos, homem e mulher, tinham a libido à flor da pele. Pode-se dizer que pensavam naquilo com uma intensidade maior. Hoje a realidade é outra, mas ainda vigora, mesmo que de forma moderada, o costume do passado, porque, mesmo tendo televisão, muitos ainda estão apegados a costumes retrógrados. De qualquer forma, a mulher está mais liberada e esperta. Falo, aqui, de uma época em que a mulher do colono e do camarada que moravam na fazenda, onde o patrão cedia a morada e permitia, por meio de ordem escrita, a sobrevivência da família, sofria assédio sexual.

Era comum o fazendeiro se aproveitar dessa situação de submissão e fazer sexo com a mulher do seu empregado. Ela dificilmente resistia à conversa que lhe era atirada por dois motivos: se resistisse, o patrão poderia, por vingança, despedir o seu marido da fazenda e colocar a sua família na rua da amargura; poderia resistir e o fazendeiro não fazer nada; se contasse para o marido, o patrão ia desmentir e inventar outra história e a sua palavra certamente iria prevalecer. Nesse caso, haveria grande possibilidade de a mulher ser abandonada pelo marido. Se contasse para o marido, não estaria descartada uma tragédia em que o marido poderia lavar a honra com sangue do ofensor, o patrão. Mas o pensamento pragmático da mulher dava-lhe a compreensão de que, também nessa hipótese, ela e sua família seriam as mais prejudicadas. Marido preso e a família na rua da amargura. Por isso ela aquecia aos encantos do patrão, às vezes, por se sentir mais valorizada, já que o fazendeiro pertencia a outra camada social, o que dava certo glamour, coisa que o seu marido, evidentemente, não possuía. Nessas circunstâncias, como sempre acontecia, por se tratar de mulher jovem, o patrão poderia ter vários filhos com ela, sem que o marido sequer sonhasse. Havia caso em que a mulher era colocada para ajudar na cozinha ou na limpeza da casa do fazendeiro, tendo mesmo algumas regalias, tais como ganhar roupas usadas da família, ter direito a uma cota de leite por dia. Havia um envolvimento que levava a mulher a ser prestigiada como mulher de confiança da esposa do fazendeiro. Ela, a mulher que cedera aos encantos do patrão, sucumbia a essas demonstrações de apreço.

Muitas vezes o fazendeiro concedia regalias ao marido. As mulheres haviam aprendido com suas mães, avós, tias mais velhas que "a corda arrebenta do lado mais fraco". Assim, tudo permanecia no mais completo segredo, que não seria revelado nem sob tortura. Mas vigia também outro provérbio popular, principalmente entre as mulheres da região: "esmola demais, o santo desconfia". Isso significava que ninguém dava nada de graça. Se o patrão estava tão solícito com aquela família, melhorando a vida da mulher e, às vezes, também a do marido, era porque a mulher estava dando para o fazendeiro. Embora a fofoca corresse como rastilho de pólvora, tudo era feito à boca pequena, jamais chegava ao ouvido do patrão, isto é, depois de a fofoca rodar na comunidade, batiam na boca, falando: "cala-te boca". Esse era o costume para passar a fofoca e possivelmente ainda hoje esteja a viger em alguma comunidade rural.

• Cap 12 •

Em um dos sítios em que moramos, toda quarta-feira, logo cedo, o fazendeiro mandava compor a charrete de roda de pneus, puxada por um cavalo, que ficava à sua disposição. Vestia o seu melhor terno de tecido de tussor e a sua melhor bota (geralmente só tinha uma, curtida com estrume de estábulo) e dirigia-se para a cidade próxima, onde tinha, sob as suas expensas, uma mulher da vida no prostíbulo ou uma mulher fora do prostíbulo. A mulher, nessa situação, era denominada de teúda e manteúda. Era a amiga do fazendeiro.

Era costume de que todo homem, bem situado econômica e financeiramente, tivesse, por obrigação, de possuir uma mulher fora do casamento. Era uma espécie de status. A mulher, ligada pelo casamento, nunca sabia de nada, ou fingia não saber. As saídas do marido, não importando o tempo que ficasse fora, não eram da conta da mulher. A boa esposa devia servir ao seu marido (amo e senhor), cuidando da casa, dando-lhe filhos, e sendo extremamente compreensiva. Tinha de ser assim para que não houvesse atrito no casamento. Isso ela havia aprendido com sua mãe e com sua avó. A mulher jamais diria para o marido que sabia de alguma coisa nesse sentido. Ela jamais iria pagar esse mico. Para todo efeito, tinha um marido exemplar, amoroso e bom pai de família, que não deixava faltar nada em casa. Evidente que as saídas do fazendeiro não passavam despercebidas pelas Marias e Clotildes, fofoqueiras eméritas da fazenda. Mas mesmo estas achavam que o homem tinha o direito de variar, desde que não descuidasse da mulher e da prole, não deixando faltar nada. Vigia um ditado popular de que "no homem não pega nada". Muitas vezes ouvi minha mãe, minha avó e tias falarem: "Ela não pode reclamar de nada, pois ele põe em casa do bom e do melhor". Para elas, bastava que o marido não abandonasse materialmente a família, colocando comida na mesa. A submissão da mulher pode projetar-se no passado por milênios. A mulher sempre foi uma espécie de "rés", concebida para atender e obedecer ao seu homem, à hora e à vez. Pesava também contra a mulher um costume perverso. Nenhuma mulher queria perder o marido, por mais traste que fosse, porque a mulher separada ou mesmo viúva era fadada ao confinamento. E a culpa era sempre da mulher abandonada, que não soubera prender o seu marido.

Deveria permanecer em pleno recato, de preferência retornando para a casa dos seus pais. Muitas vezes seus pais, com uma família grande, não tinham condições de tratar de mais uma boca. Se a mulher tivesse filhos, então a coisa mais se complicava. A mulher abandonada não buscava pagamento de pensão para si ou para a prole. Vigia o provérbio: "mulher abandonada, alguma coisa aprontou". Se o marido havia abandonado, não importava a razão (poderia ter enrabichado por outra mulher), a culpa era sempre da esposa que não teve competência para segurar o marido. Separada ou viúva, se fosse vista conversando com alguém do sexo masculino, já estaria imediatamente falada. Isso era no sítio ou na cidade. Ninguém acreditava que uma mulher separada ou viúva deixaria criar teia de aranha na xoxota se tivesse oportunidade de transar. Havia uma situação perversa no meio rural. A mulher abandonada, sem o marido para trabalhar, não interessava para o fazendeiro. Seria antieconômico deixar que permanecesse no sítio ou na fazenda, morando na casa da colônia que poderia ser ocupada por outra família que seria contratada para trabalhar. A mulher era obrigada a sair do imóvel juntamente com os filhos, já que o marido abandonava a mulher e ia embora sozinho. Largava tudo, família e trabalho, mormente se a mulher houvesse aprontado alguma coisa, pois o machismo impedia que ele continuasse convivendo com os amigos, que o olhariam de soslaio. Isso quando não acontecia coisa pior; com o objetivo de lavar a honra, matava a mulher.

Ela acabava indo para a cidade e se ajeitava em qualquer canto para dormir à noite. Durante o dia ia pedir esmolas juntamente com os filhos e à noitinha os filhos saíam para pedir resto de comida que tinha sobrado do jantar. Se a mulher fosse moça, atraente, e com filhos pequenos, poderia ir trabalhar de doméstica. Mas a paga que receberia seria pouco para sustentar a prole. Certamente sofreria assédio sexual do patrão. O raciocínio pragmático da mulher a levaria para a zona do meretrício. Ali teria pouso, cama, roupa lavada, comida e segurança. Se tivesse filhos, deixaria com a avó, que sempre assumia a responsabilidade mediante certa contribuição da filha. Ou mesmo sem contribuição.

Por incrível que pareça, embora haja um preconceito serrado de mulheres pudicas e da própria Igreja, os prostíbulos sempre funcionaram como casas de benemerências, acolhendo mulheres que a sociedade transformara em párias. Quando isso acontecia na cidade, a prostituição da ex-esposa poderia trazer algum constrangimento ao ex-marido perante os seus amigos, no clube que frequentava, no emprego que ocupava. A saída sempre foi apelar para o delegado de polícia da comarca. Este sempre teve um poder de persuasão muito grande, capaz de convencer a mulher de ir se prostituir em outra cidade. Assim, era mais ou menos comum a moça abandonada pelo marido ou que o noivo desvirginara e se negou a casar, ou mesmo a viúva que enveredara pela prostituição, irem fazer a vida em outra cidade, onde não eram conhecidas e acabavam sendo atração no prostíbulo. Conhecemos caso, nos idos de 1960, que a mulher negou-se a sair da cidade e o delegado prendeu-a por uma semana. O arbítrio dificilmente era corrigido.

Contratar advogado, nem pensar. Isso era coisa para pessoas ricas, não para pobres.

Havia casos em que os maridos puladores de cerca tinham filho com a teúda e manteúda. Geralmente isso ficava em segredo. A turma da fofoca acabava descobrindo, mas tudo permanecia em *petit comitê*. Quando o mantenedor morria, poderiam começar os problemas para a repartição de herança. Às vezes nada acontecia, o filho bastardo continuava uma incógnita e a mãe, simples, despreparada, nada reivindicava, muitas vezes por vergonha. Havia caso em que o fazendeiro trazia o filho, depois de criado pela mãe, para trabalhar na fazenda. Todos sabiam que era filho do fazendeiro com outra mulher. Mas ninguém falava nada. Nem a mulher. Geralmente ele morava sozinho numa edícula e comia na cozinha. Poderia até ter certa regalia concedida pelo fazendeiro. A sorrelfa, todos sabiam que era o filho bastardo do fazendeiro, mas ninguém ousava sequer pensar em falar.

A situação das mulheres, à época, era de total submissão. Ainda que o casamento houvesse acontecido por atração amorosa, sentimental e sexual, logo após o casamento o marido se colocada numa situação de superioridade, como chefe da casa e com poder total de mando. A mulher poderia ter carinho na hora certa, mas tinha de saber obedecer e não discordar do marido. O que o marido falava era lei. A mulher jamais poderia afrontá-lo, sob pena de sofrer reprimenda que poderia chegar às vias de fato.

A verdade é que essa situação de inferioridade imposta à mulher acabava por desenvolver um sentimento contido de repulsa para com o marido. Criava os filhos e cuidava da casa como obrigação, pois essa era a cultura que havia sido criado para o casamento. Mas lá no seu íntimo, lá no recôndito de sua alma, não concordava com aquela situação de escravidão, de inferioridade imposta à mulher, como se ela fosse descartável a qualquer momento. O sexo era um ato contido, no qual a mulher não poderia manifestar nenhum movimento ou sentimento de prazer, sob pena do seu amo e senhor achar que ela não era uma mulher séria. É possível que esteja aí a semente da revolução que dezenas de anos depois eclodiu com o chamado movimento feminista. Em Paris, o ícone eleito era a escritora Simone de Beauvoir, mulher decidida e de atitudes, esposa do filósofo Jean Paul Sartre.

• Cap 13 •

A simplicidade das pessoas, muitas vezes, é uma porta aberta para o misticismo. A simplicidade, às vezes, anda de mãos dadas com a simploriedade. Geralmente fazem parte de uma camada social sem instrução formal e sem qualquer proteção. Sem proteção, são vilipendiadas e não sabem ou não conseguem lutar pelos seus direitos, mormente quando têm como adversário uma pessoa poderosa. Elas sublimam a vida na Terra, a esperam por algo melhor depois da morte. Muitas aguardam a morte como uma espécie de libertação desse "Vale de Lágrimas", como muitos costumam dizer. Tornam-se pessoas fáceis de ser manipuladas. Não reclamam. Aceitam tudo que lhe for prometido ou imposto, mormente se vier num invólucro místico de coisas transcendentais.

O melhor exemplo disso era a zona rural. O patrão dizia para os empregados, numa reunião na casa da fazenda, em quem eles deveriam votar no dia da eleição. Já recebiam o nome do candidato escrito num papel e treinavam em casa durante dias ou semanas para, no dia, poder desenhar o próprio nome e aquele nome indicado pelo patrão. O analfabeto não poderia votar. Quem soubesse desenhar o nome (garranchos) era considerado alfabetizado.

O patrão não pedia, mandava! Para quem se rebelasse, haveria represália que poderia ser a dispensa imediata. Isso tinha o nome afetivo (ou desmoralizante) de voto de cabresto ou de curral eleitoral. Lembro que a minha mãe, mulher de poucas letras, ficava treinando escrever o seu nome e o nome do candidato. No fundo, as pessoas se sentiam prestigiadas por terem sido chamadas para a reunião na casa da fazenda e por poderem atender ao patrão. Por isso sempre achei que a libertação do indivíduo está na educação formal.

• Cap 14 •

Dormíamos todos numa tulha velha, por falta de casa desocupada na colônia. Ocupávamos um pequeno espaço do lado direito de quem entra. Eu dormia numa rede improvisada com as extremidades presas em dois pregos longos, meus irmãos dormiam em dois pequenos colchões de palha, colocados no chão. Meu pai e minha mãe ocupavam um canto mais para o fundo. O calor era muito grande e, por isso, a porta ficava aberta. Quando chovia, alguns animais entravam para se abrigar. A cobertura era feita com ripas de madeira, cobertas com folhas de uma planta que cresce no brejo, conhecida como sapé. O vento forte ia aos poucos deslocando as fibras de sapé e raleando a cobertura, expondo buracos em vários lugares. Nos dias de lua, a claridade entrava pelas frestas da cobertura e salpicava o chão, deixando no ambiente uma luminosidade natural, como se houvesse lamparinas acesas nos vários pontos ou como se um bando de vaga-lumes houvesse tomado o espaço. Nas noites chuvosas, o romantismo desaparecia e minha mãe ficava deslocando os colchões dos meus irmãos. A rede era retirada e eu tinha de dormir num canto, sem colchão. Quando a chuva era forte, o deslocamento de nada adiantava. A água que entrava escorria pelas paredes ou seguia caminho direto para o chão; quando a abertura estava localizada no meio do teto, molhava todo o local. Por incrível que pareça, ouvia o meu pai roncar lá no outro canto e via os gatos entrarem para se esconder da chuva. A gente se acostuma com tudo. Mormente se isso começa quando somos praticamente bebês. Se não me engano, tinha pouco mais de cinco anos. Se tanto.

Lembro bem da fisionomia da minha mãe. Tinha um rosto meigo, olhos castanhos escuros, cabelos negros, presos com grampos, muito usados à época, com o cabelo caído sobre o lado direito do rosto, encobrindo o olho. Sua voz era calma, mas decidida. Lembro-me do meu pai. Homem de estatura mediana, forte, cabelos negros, e tinha todo o corpo, peito, braços e pernas peludos. À tarde, quando retornava do eito, banhava-se ao lado do poço comunitário. Tirava a camisa, arregaçava a calça até o joelho e fazia a limpeza da poeira que havia acumulado. Os pelos do peito formavam uma cruz negra. Tinha os cabelos volumosos. Ao penteá-los, jogando-os para trás, eles se rebelavam e se repartiam naturalmente ao meio, como duas asas negras.

Era de pouca fala. Eu gostava de vê-lo se banhar perto do poço. Não tirava os olhos dele o tempo todo. Eu gostava muito da minha mãe e do meu pai. Minha mãe era mais acessível, talvez pela convivência mais amiúde que mantínhamos. Meu pai era mais distante, mas eu queria me aproximar dele. Mas não podia. Quantas vezes eu tive vontade de abraçá-lo e dizer que o amava muito. Contudo sempre me faltava a coragem. Eu tinha por volta dos cinco ou seis anos incompletos. Mas sentia a distância. Não sei mais o que sentia lá dentro de mim. Talvez fosse frustração, sem nem saber o que seria isso. Porém o meu sentimento continuava o mesmo. Todo dia eu ia vê-lo se banhar.

Era a mesma cena sempre: a cruz no peito peludo e os cabelos rebeldes não aceitando que o pente os jogassem para trás. Iam, num primeiro momento, e retornavam num segundo momento, formando duas asas negras. Mas todos os pais, praticamente, agiam dessa maneira. A criança era como um cachorrinho que deveria sempre obedecer. Quando os mais velhos estavam conversando, a criança não poderia jamais falar alguma coisa ou fazer barulho que atrapalhasse a conversa. Entrar na conversa, nem pensar. Se a criança fizesse alguma manifestação, o pai ou a mãe lhe dirigia um olhar tão sério e tão severo que ela perdia o controle e se retirava como um cãozinho para outro lugar, com o rabo entre as pernas. Longe dali, muitas vezes, para chorar. Pois sabia que seria depois repreendido com algumas cintadas. Esse era o método comumente usado para educar a criança. A grande maioria desenvolvia certo trauma de medo, de não saber o que podia e o que não podia fazer. Acabava sendo introvertida.

Minha avó gostava de contar histórias. Contava que uma mãe foi a uma festa de aniversário e levou o seu filho Zezinho. Mas antes lhe disse: "você é muito esganado para comer. Cuidado. Se você estiver comendo muito, eu piso no seu pé. Você já sabe que é para parar de comer". E lá se foram. Chegando ao local, quando o Zezinho foi pegar o primeiro brigadeiro, um cachorro passou por baixo da mesa onde ele e a sua mãe estavam e esta deu um pontapé para espantar o cachorro, mas pegou, sem querer, no pé do Zezinho. A partir daquele momento, ele não comeu mais nada, embora a mãe insistisse para que comesse pelo menos um brigadeiro. Pensava o Zezinho: "é preferível passar fome a apanhar em casa".

A vida, morando na tulha, era sofrida, principalmente para minha mãe. Não havia fogão de lenha. E, na tulha de madeira, não poderia acender fogo, pois queimaria o piso que também era de madeira. Lembro-me de vê-la improvisando um arremedo de fogão, com dois tijolos colocados lado a lado, com a parte alta para cima, na distância de quinze centímetros, ligados ambos por dois ou três suportes de ferro, nos quais ela colocava uma vasilha para esquentar a água para fazer café ou a panela para fazer almoço. Isso por volta de três horas da manhã. Íamos todos, meu pai, meus irmãos e eu, trabalhar num lugar, distante dali alguns quilômetros. Levávamos a comida feita para o almoço. Quando chegava a hora de comer, a comida estava fria. Normalmente comíamos arroz, feijão, abobrinha e um pedaço de polenta. A polenta era uma comida muito consumida na época, por ser nutritiva e um alimento barato. Lembro-me de que caminhávamos muito para a minha idade. Tinha de passar por dentro de um pequeno riacho, cuja água fria fixou na minha memória de tal forma que ao pensar naquele momento da travessia, consigo sentir, ainda hoje, a frieza da água nos pés descalços naquela hora da madrugada. Quando chegávamos ao local, por volta de cinco horas, já havia algumas dezenas de homens, de mulheres e de crianças maiores e da minha idade. Um senhor moreno, queimado pelo sol, que naquela região era causticante, vestia calça e camisa feitas de pano de saco de açúcar, de uso muito comum. As próprias mulheres alvejavam o pano, retiravam os carimbos pelos métodos normais de lavagem, e faziam calças e camisas para o marido e para os filhos. Faziam também, do mesmo pano, saias para as filhas. Todos o chamavam de seu Bié. Ele não tinha os dentes da frente. Tinha os caninos de ouro. Os cabelos eram raleados na testa. Pela minha memória, ele não poderia ter mais de trinta ou trinta e cinco anos. Mas é difícil saber. A aparência era de mais idade. As pessoas envelheciam rapidamente.

Tenho certeza de que ele não era o dono de tudo aquilo. Ouvi o meu pai dizer que o seu Bié era o capataz do fazendeiro. Devia ser, porque ela andava a cavalo, percorrendo outras roças de algodão. O algodão é plantado em fileiras (espécie de fila indiana). Cada fileira devia ter mais ou menos uns quinhentos metros ou mais, dependendo do tamanho do terreno. Cada pessoa deveria cuidar de duas fileiras. Era ele quem distribuía as fileiras. Quando a pessoa terminava as duas fileiras, comunicava-se com ele, fazendo um aceno de mão ou gritando o seu nome, quando ele estava distraído e não via o aceno. Ele vinha e indicava outras duas fileiras. O trabalho era retirar o algodão que estava dentro do casulo. O algodão é uma planta que chega à altura de um metro ou um metro e pouco e dá uns frutos que é denominado maçã. Antes da maçã vem uma flor grande de cor branca amarelada, muito bonita. Cada pé produz inúmeras maçãs. A maçã nasce pequena e vai tomando corpo e cresce até o tamanho de uma goiaba.

Nesse estágio ela ainda está verde. Mas se abrirmos maçã, veremos o algodão numa forma meio pastosa e que tem um sabor levemente adocicado. Por isso, era comum, principalmente as crianças, comerem a maçã do algodão. Mas os pais proibiam, porque poderia provocar desarranjo intestinal. Depois de granada, a maçã amadurecia e secava. Nesse estágio em que seca, o casulo abre-se em quatro partes. O algodão já estava à vista, grudado no casulo à espera da colheita. O trabalho era tirá-lo do casulo com cuidado para não deixar fiapos grudados nem derrubar o algodão no chão, pois não podia sujar. Cada um carregava amarrada na cintura uma espécie de sacola feita de saco. Quando a sacola enchia, era levada para um lugar onde havia uma balança. O volume era pesado e era marcado num caderno o nome do catador e a quantidade de quilos. Todos os que ali trabalham, ganhavam pela quantidade de quilos de algodão colhido. Todos paravam o trabalho entre nove e dez horas para almoçar. Havia um homem que distribuía garrafões de água, em vários lugares, para ser tomada. Durante o dia, a água era morna. O almoço não durava mais de meia hora e todos voltavam ao trabalho. O dia de trabalho terminava às dezesseis horas. Lembro-me de que o retorno era sempre mais alegre para mim e para os meus irmãos. Vínhamos cantarolando, brincando. Eu recordo que sempre apanhava alguns tufos de algodão na volta e levava para casa. A criança, no sítio, amadurece cedo. Passa a ser responsável sem perceber. Por isso, também, acabava casando muito cedo. A infância dura muito pouco. Ela aprende muito cedo que é preciso trabalhar para sobreviver. O envolvimento com a natureza, com plantas, com animais e com pássaros, enriquece-a com um patrimônio que poucos conseguirão.

• Cap 15 •

A vida do trabalhador rural, à época, era meio cigana. Parava-se muito pouco nos lugares. Dependia da contratação. Ficava-se mais tempo quando a contração era para ser colono e para cuidar de cafeeiros. Os contratados, como camaradas, ficavam pequenas temporadas para trabalhos temporários, como roçar os pastos, plantar sementes para fazer pasto, vacinar gado, eliminar cupinzeiros no pasto, colocar veneno nos buracos de formigas saúvas que, na época, eram uma verdadeira praga, pois poderia acabar com uma lavoura de feijão ou de algodão, cortando todas as folhas e deixando um rastro de destruição. Aos camaradas eram destinadas as piores acomodações. Se ele fosse solteiro, poderia dormir no estábulo (onde ficavam os animais), ou no paiol (onde se guardavam espigas de milho).

Meu pai fora contratado como camarada, com a promessa de que seria, posteriormente, contratado como colono. Como não havia casa desocupada na colônia, fomos morar numa casa de pau a pique. São casas frágeis feitas com quatro paus fincados, formando um quadrilátero. Sobre os quatro paus fincados são colocadas vigas roliças de eucalipto, não muito grossas, onde será feito o telhado de capim. Ligando os paus fincados, são colocadas varas de bambu, cortadas de ponta a ponta, rodeando toda a construção. Feito isso, mistura-se argila (terra molhada) com estrume de vaca e de cavalo e forma-se uma massa mole que é grudada nas paredes formadas pelas lascas de bambu. Tudo isso é feito com a mão, fechando-se todos os buracos e vãos existentes nas paredes. A massa mole gruda e depois é aplainada com a mão ou com um pedaço de tábua lisa. Depois de dois dias, a argila endurece e as paredes ficam firmes. Inicia-se, então, a cobertura. Esta pode ser feita de sapé, um mato que dá em grande quantidade no brejo, ou na lagoa. Se não houver sapé, pode-se fazer a cobertura com capim jaraguá ou colonião. Dentro, o piso plano é feito com terra batida. Na casa de pau a pique, moramos mais de ano. Minha mãe gostava de enfeitar a casa com flores silvestres. Para melhorar o aspecto interno, passava um produto em pó, chamado "vermelhão", no piso de terra.

A casa era bem retirada da colônia. Talvez uns quinhentos metros. Para mim, a distância era colossal. Mas me lembro de que o local era bonito. Olhando-se de dentro da casa para fora, do lado direito, passava uma estrada (de terra, na época não se conhecia asfalto), toda arborizada, com mata natural dos dois lados. Lembro que a areia formada pela passagem de caminhões e de ônibus (não eram muitos) era muito fina e fria. Hoje posso concluir que o frio da areia era em virtude das árvores, que impediam a entrada dos raios de sol em determinas partes da estrada.

Nos fundos da casa, era mata cerrada, com animais selvagens, como macacos, porco-do-mato, papagaios, maritacas, periquitos e tuins. Ouvia minha mãe dizer que havia gato-do-mato e onça pintada. Daí a sua preocupação. No quintal da casa, crescera, naturalmente, uma enorme paineira. Lembro-me de que estava sempre florida. Eu ia brincar sob a sua sombra e me encantava com as pétalas carnudas da cor rosácea. Juntamente com as flores, cresciam bagos enormes, do tamanho de um abacate, com formato mais simétrico, com as extremidades afinadas. A cor era verde. Quando amadurecia e secava, a exemplo do algodão, o casulo se abria e a paina (parece com o algodão arbóreo) ia se desprendendo juntamente com a minúscula semente preta que, dependendo do vento, poderia ser levada a uma distância incalculável. Onde caia a semente, juntamente com o tecido da paina, nasceria uma paineira. Toda criança descobria muito cedo que a semente da paina nada mais era do que uma castanha minúscula, preta por fora e branca por dentro. Tenho uma vaga lembrança de que o local era chamado Fazenda do Tesouro. Nas terras da fazenda havia, em quantidade, um coqueiro de baixa estatura denominado bacuri. O fruto de formato cumprido e grosso era coberto por uma casca amarela e afinado nas extremidades. Tinha um caroço, que deveria ser a castanha, envolvido por uma substância manteigosa com sabor de mel. Sentia falta de outros lugares onde havia morado antes, onde sempre havia um pomar, com frutas variadas e muitos pássaros.

Passava horas debaixo da paineira. Tenho a impressão de que, para tirar a monotonia, meu pai fez um balanço com apoio em um dos galhos da paineira, onde eu ficava horas balançando. Lembro-me que um dia fechei os olhos e dormi. O resultado foi um tremendo tombo. Mas ninguém ficou sabendo disso, porque eu não chorei. Minha mãe costumava sair comigo e meus irmãos pela estrada para ir comprar queijo fresco de uma senhora que morava numa casa de alvenaria, melhor do que a nossa. À distância me parecia muito grande. A caminhada parecia que nunca terminava. Era uma festa. Como minha mãe não tinha dinheiro, a mulher aceitava o pagamento com ovo e frango. Mas um dia, minha mãe, muito curiosa, foi comprar queijo e seguiu a mulher para ver onde era guardado o queijo. Decepção. Descobriu que aquela senhora fazia o queijo e guardava debaixo do colchão em que dormia. Depois daquele dia a fabricante dos queijos perdeu a freguesa. Minha mãe era excessivamente limpa. Aquilo que viu provocou uma espécie de repulsa. Nunca mais comemos queijo fresco nem queijo curado. Mas todo aquele que morava em regiões inóspitas como aquela, tinha de ter imaginação. Assim, quando não tinha abóbora ou chuchu, comia-se mamão verde picadinho, como se fosse abóbora. O gosto parecia o mesmo. Poderia dar-se no almoço e na janta, isso pouco importava. Quando se é pobre, acaba-se acostumando com as dificuldades e até com a falta de comida, ou com o fato de comer a mesma coisa durante vários dias. Todos cultivavam a mandioca. É uma planta de fácil cultivo e generosa, com raízes enormes. É uma pequena árvore com folhas miúdas que nascem em formado de mão. Uma mão com vários dedos, com o caule avermelhado. Pode crescer até a altura de quase dois metros. A mandioca é um tubérculo rico em energia, mas tem baixo teor de proteínas e de fibras. De fácil digestão, é utilizada na alimentação humana e dos animais.

O fruto da mandioca é a sua raiz, que cresce e engrossa rapidamente. À medida que isso acontece, a terra começa a partir-se no tronco da planta. É como um aviso de que a raiz está pronta para sair. A raiz sai juntamente com todo o pé. No mesmo momento que se retira a planta com a raiz, pega-se o galho mais grosso da planta, quebra-se em pequenos pedaços e se enterra no mesmo buraco em que estava localizada. Alguns dias depois, começa crescer a árvore que produzirá novas raízes. É uma planta forte e exige muito pouco para produzir. Comíamos mandioca frita. Havia o doce de mandioca em que a raiz, depois de picada em pequenos pedaços, era embebida em mel de abelha e colocada no fogo por alguns minutos. A mandioca, depois de seca no fogo ou no sol, era transformada em farinha. Esta tinha várias finalidades. O mais desejado era o bolo de farinha de mandioca que era feito misturado com pedaços de coco ou de coco ralado.

• Cap 16 •

    É muito difícil saber o que se passa na cabeça de uma criança com menos de seis anos quando vê o seu pai e a sua mãe deitados debaixo de um sol escaldante, com calor de mais de trinta graus, às duas horas da tarde, cobertos com cobertores pesados e ainda tremendo de frio. Não conseguia entender o que estava acontecendo naquele dia, naquele momento. Não conseguia saber o que estava se passando. Os meus pais estavam morrendo. Não queria que isso acontecesse. Sempre me disseram que Deus era bom. Então, naquele momento, de indecifrável angústia, pedi a Deus que me devolvesse a minha mãe e o meu pai. Que não poderia ficar sem eles. Falava tudo isso em pensamento, agachado num canto, com a cabeça nos joelhos e abraçando as pernas, de onde poderia ver o sofrimento dos meus pais. Sentia que a morte espreitava. Que a qualquer momento ela viria. Não queria pensar nisso. Queria chorar e não conseguia. Os olhos estavam secos. Olho para o alto e vejo dois olhos verdes penetrantes, já meio sem brilho pelos sofrimentos que a vida lhe impusera e pela dor de haver enterrado três maridos. Os cabelos grisalhos, descuidados, com algumas pontas soltas, caindo sobre o lado direito do rosto e aquele cheiro de fumo de corda que a acompanhou a vida inteira. Naquele abraço forte da minha avó, senti que a morte dos meus pais já estava decidida.

Era um caminho sem volta. Não sei como, nem por quê! Mas naquele momento as lágrimas vieram com tanta intensidade, que não conseguia contê-las. Chorei. Chorei muito. Veio um alívio que nunca tinha experimentado. Era como se houvesse me livrado de um vulcão. Juntamente com a minha avó, rezamos muito. A noite veio. Os corpos doentes e quase sem força foram levados e colocados sobre um colchão de palha. E ali permaneceram até o dia seguinte, quando novamente foram levados para o terreiro para receber o calor do sol. Cerca de vinte dias depois, a febre cedeu. A esperança voltou e, com ela, um alívio muito grande que até hoje sinto.

O tempo passou. Uma coisa ficou muito forte na memória. Nos meus medos, tinha a certeza de que meus pais iriam morrer. Nem chorar conseguia. Os olhos estavam secos. Engolia seco. Não queria falar sobre o que estava acontecendo. Nem queria que minha avó falasse sobre o assunto. Queria fugir daquele momento. Como se aquilo não estivesse acontecido. Era uma cena que se repetia. Mas conservava na memória o meu apego com Deus. Minha mãe havia dito que Deus pode tudo. E atenderia sempre que o pedido fosse feito com o coração. Meus pais se curaram. Tenho certeza de que Deus atendera aos meus apelos. Desde aquele dia, continuei falando com Ele diariamente. Não sou temente a Deus. Se Deus é pai, não devemos temê-Lo, mas respeitá-Lo e confiar. Até hoje agradeço a Deus por ter deixado conviver com meus pais por várias dezenas de anos.

Naquela época, os riachos que passavam pelas fazendas e, em determinados lugares, viravam criadouros de um mosquito que picava o pescador incauto e transmitia uma doença, conhecida à época como maleita. O único remédio que poderia combatê-la, que nem sempre dava certo, era à base de quinino. Muitos morriam. Outros viviam, mas conservavam sequelas. A doença conhecida por maleita era a malária, que ficou conhecida com esse nome depois. Todos conheciam o sintoma da maleita. Começava com calafrios, seguidos de febre alta, náuseas e muita dor na articulação. Esse quadro poderia ter ligeira melhora, mas voltava a se repetir por várias semanas. Se o doente não procurasse tratamento, morria. O tratamento, naquela época, para os moradores na zona rural, era muito difícil. Não havia nenhuma assistência.

    Poderia até sarar espontaneamente, mas isso era considerado milagre, porque a grande maioria morria, visto que não resistia às complicações renais, pulmonares e ao coma cerebral. Hoje há assistência, excepcionalmente se morre de malária ou de maleita, como a doença era conhecida há mais de meio século. Sabe-se que a doença ainda tem terreno fértil nos países subdesenvolvidos. Naquela época morria gente por qualquer coisa. Um pequeno corte no pé acabava em gangrena e a infecção se espalhava pelo corpo inteiro.

Cap 17

A casa na cidade era de pau a pique. Lembrava muito a casa em que moramos num dos inúmeros sítios por que passamos. A diferença é que estava localizada na cidade. Naquela época, todos sabiam que esse tipo de construção era a preferida do bicho barbeiro (ou chupança), um percevejo hematófago, conhecido como triatoma infestante, que provocava a doença de chagas. Se a doença se prolongasse, poderia se tornar crônica. Atacava o coração. O proprietário era um senhor não sei se árabe ou turco. Mais parecia turco. O seu nome era Felício. Conhecido por turco cabriteiro, por que vendia cabritos. Na época do Natal e do Ano Novo, havia muitas encomendas. Sua casa era vizinha à nossa. A venda poderia ser da carne pronta ou do animal vivo. A casa do senhor Felício e a nossa era separada apenas por uma cerca viva de pinhão. A família era composta da mulher, dois filhos e uma filha. O pequeno fundo da casa, uma área minúscula, era o matadouro improvisado. Sem qualquer higiene, transformava-se num logradouro e criadouro de mosquitos. O cheiro que pairava no ar era acre, de sangue azedo e podre. Não havia fiscalização.

Cada um fazia o que quisesse. Em bairro pobre, as autoridades não se envolviam, mesmo porque o poder público, quase sempre, não tinha possibilidade de ajudar ou de melhorar a situação dos moradores. Também não havia interesse. O cargo de prefeito era apenas para status pessoal. Não havia banheiro ou privada. Havia, em certos lugares, uma fossa comunitária. A higiene era precária. A precariedade era tanta que volta e meia caía criança dentro das fossas e eram retiradas de forma precária, porque também não havia corpo de bombeiro. Lembro-me de, pelo menos, duas mortes. Uma delas de uma criança que estava engatinhando. Pensando, hoje, naquela imundície, pode-se entender por que havia tantas doenças, por que havia tanta pulga, carrapato, percevejo, chato, piolho. Era um verdadeiro zoológico que fazia parte do cotidiano de todas as famílias, com maior frequência nas famílias pobres, nas quais a higiene era precária. Tudo proliferava em grau gigantesco. A infestação se dava sobre adultos, crianças, animais, principalmente cães e gatos. O piolho pegava até papagaio, canários, galinhas, patos etc. O ambiente era propício. Uma criança com piolho (ou piolhenta) infectava todas as demais crianças da classe e acabava por infetar toda a escola.

Não havia produto, remédio ou alguma coisa que tivesse resultado exterminador. Penteava-se (adulto, criança, animais) com o chamado pente fino. Era um pente largo, com hastes dos dois lados: de um lado, bem finas e juntinhas e, de outro, nem tanto. A mãe colocava um pano branco sobre as pernas, deitava a criança sobre o pano e passava o pente fino, com a haste mais fina. Em cada passada, derrubava dezenas de piolhos vivos e lêndeas, que é a larva em formação na raiz do cabelo. Mas bastava ficar um piolho ou algumas lêndeas para, em dois dias, haver centenas de piolhos prontos para chupar o sangue dos hospedeiros. Num ato desesperado, as mães lavavam a cabeça das crianças como querosene, gasolina, álcool. Isso de nada adiantava e poderia ferir o couro cabeludo ou infectá-lo, pois o piolho causava coceiras e feridas na cabeça do adulto e da criança. A saída mais adequada era raspar a cabeça da criança com máquina no estágio zero e não deixar o cabelo crescer. Cabelo crescido era criadouro de piolhos. Era comum adultos e crianças com manchas pelo corpo pela picada de pulgas e de carrapatos. A administração das cidades era tão precária que não havia qualquer saneamento com homens esborrifando produtos químicos. As pessoas estavam ao "Deus dará". Se Deus não desse, nem o prefeito daria.

    Meu pai não tinha qualquer formação profissional, como todos naquela época. Passou toda a vida na zona rural e só sabia sobre aquele mister. Era um conhecimento extenso sobre a natureza, sobre época de plantio, sobre a qualidade da terra para o tipo de lavoura, sobre animais. Conhecimentos que havia adquirido na escola da vida. Sabia escrever, fazer as quatro operações, ler e entender o que estava lendo. Minha mãe tinha pouca leitura, mas era boa em contas. A vinda para a cidade fora um grande aventura. Deixava o certo ganhando pouco, mas com possibilidade de sobrevivência, pelo duvidoso. Meu pai, quando saiu do sítio em que trabalhava, deve ter saído com algum dinheiro, hipótese muito difícil, mas não impossível. O costume era trabalhar por anos a fio e quando ia acertar as contas para ir embora estava devendo para o patrão. Nesse caso, também não pagava porque não tinha dinheiro.

    A maioria era analfabeta. Poucos tinham a possibilidade de verificar as contas apresentadas pelo patrão. E a contabilidade feita pelo patrão era sempre favorável a ele. Contavam, à época, que em determinado sítio da região, o empregado estava sempre devendo. Era assim: o empregado pedia dinheiro, o patrão registrava o valor na coluna do débito, numa folha do livro com o nome do trabalhador. Se o empregado viesse pagar o empréstimo ou parte dele, o patrão registrava a devolução da coluna do débito. Em suma: o empregado retirou dez e depois devolveu cinco, na contabilidade do patrão, estava devendo quinze. Isso porque o tal livro só tinha a coluna do débito. Meu pai dizia que a história era verdadeira. Hoje teria as minhas reservas...

    Com o pouco dinheiro que havia economizado, ele começou um comércio autônomo, o único que poderia desenvolver, dado o seu preparo. Possuía uma cabeça privilegiada para aprender praticamente tudo com facilidade e rapidez. Essa prova eu tive anos depois. Passou a visitar as fazendas da redondeza, andando em média vinte quilômetros diariamente, para comprar ovos e frangos a preço bem barato e vender na cidade. Como ele conhecia bem o ramo, fazia sempre bom negócio. As mulheres do sítio precisavam ter algum dinheiro em casa.

    Toda família, no sítio, tinha sempre uma quantidade grande de galinhas e alguns galos. Parte dos ovos era transformada em comida e a outra parte ia para a chocagem pelas próprias galinhas, para criação de novos frangos. Havia sempre uma parte reservada de ovos e de frangos para vender aos "oveiros", apelido que se dava aos compradores de ovos e de frangos. Com esse negócio, embora trabalhoso, conseguiu juntar algum dinheiro, porque a margem de lucro era mais do que o dobro. O seu comércio cresceu tanto que meu irmão e eu passamos a ajudá-lo nessa sua empreitada. Saíamos de casa por volta de quatro horas da manhã e retornávamos por volta de catorze horas. A comida era minguada, pior que no sítio. Mas estávamos contentes morando na cidade. Minha mãe dizia que tudo ia melhorar. Sua preocupação era que frequentássemos uma escola. Meus dois irmãos já estavam alfabetizados. Eu, o menorzinho, não. Depois de alguns meses, na função de oveiro, meu pai arranjou um emprego numa grande indústria de beneficiamento de algodão e ensacamento. Seu trabalho era o de movimentar fardos de algodão de um lado para outro e empilhá-los. Era um trabalho estafante e, na época, perigoso, porque tudo era feito na força bruta. Havia umas poucas máquinas empilhadeiras, e poucos sabiam ou poderiam manejar. O número de acidentes era grande. Meu pai foi acidentado quando uma pilha caiu sobre ele. Lembro-me que ficou afastado do serviço por algum tempo. De qualquer maneira, havia conseguido o emprego em que, no final do mês, sabia que iria receber determinada importância.

    Com isso, poderia planejar melhor as despesas do mês. Algum tempo depois, ele foi trabalhar numa grande máquina de beneficiar café. Seu trabalho continuou sendo o de carregar sacos de café em coco ou beneficiado. Café em coco é aquele em estágio originário que será beneficiado, eliminando a casca e ficando somente o grão limpo. O saco de café em coco pesava quarenta quilos, o beneficiado pesava sessenta. Continuou no trabalho de movimentação e de empilhamento. Estava mais próximo de casa e o trabalho, embora pesado, parecia mais ameno, porque a movimentação não era constante, podendo haver tempo de ociosidade durante o horário de trabalho. Meu irmão havia conseguido emprego em uma farmácia e rapidamente aprendera a aplicar injeção. Minha mãe gostava do emprego, porque era um trabalho limpo. Ela gostava que ele trabalhasse com camisa branca, pois dava a impressão de limpeza. O salário era pequeno. Mas, para ela, tudo era uma questão de tempo. Minha irmã mais velha passou a trabalhar numa papelaria.

Nesse emprego, chamava-se a atenção o fato de o patrão ser estrábico. A vesguice era de tal forma acentuada que, para conferir o dinheiro que lhe era entregue para fazer o troco, ele precisava colocar a cédula, à esquerda, fora da direção do olho vesgo, que era no qual ele enxergava cerca de dez centímetros. Eu me divertia indo visitar a minha irmã no emprego e vendo o patrão fazer trocos. Juro que não ria na frente. Por dentro, entretanto, estava gargalhando. Para mim, com a minha cabeça de criança, aquilo era muito divertido. Havia outro senhor, dono de uma agência de automóveis, que também era estrábico, mas do olho direito. Ambos tinham acentuado estrabismos em olhos diferentes. Corria na cidade uma anedota de que ambos tinham visto um disco voador. Todavia em direções diferentes. Eu era muito pequeno para arrumar emprego, mas queria ajudar em casa. Analisando os fatos, agora, com maior discernimento, constato que a pobreza aproxima as pessoas e as tornam mais solidárias no sofrimento. Havia um movimento grande de passagem de animais pela cidade e pelas estradas vicinais. Por isso eu e outros garotos ganhávamos algum direito catando estrume de cavalo e vendendo para o dono da horta por um tostão cada lata de dez quilos. Juntávamos, também, vidros e pedaços de ferro descartado para vender por quilo no ferro velho. Um colega de serviço do meu pai, que trabalhava como marceneiro, fez-me uma pequena carriola para eu juntar pedaços de vidro e de ferro velho para vender. Com isso, não precisava mais carregar sacos nas costas e ser ferido pelas pontas dos cacos. Foi nessa época que comecei a comprar laranjas num pomar próximo por um preço baixo, porque ia buscar no local, apanhava no pé, não tendo o dono nenhum trabalho. Conseguia levar uma centena de laranjas e vendia por dúzia, faturando próximo a 200% mais.

Depois descobri que, fazendo parada em determinado lugar, poderia vender a fruta, por unidade, mais caro. Foi quando esse colega de serviço do meu pai equipou a minha carriola com uma maquininha que possuía um eixo com duas hastes, em que a laranja era fixada pelos dois extremos e, ao rodar a fruta com uma pequena manivela, uma haste ia retirando a casca. Havia, do lado da carriola, um pequeno reservatório de alumínio com água, com uma pequena torneira, na qual o freguês poderia lavar as mãos, depois de chupar a laranja, podendo enxugar as mãos num pano ao lado do reservatório. Com todas essas facilidades, consegui uma freguesia praticamente fixa, que se encantava com o vendedor mirim. Minha mãe havia feito uma pequena bolsa de pano que eu pendurava num cinto para guardar o dinheiro. Passei a faturar mais do que meu irmão na farmácia. Lembro-me que ele era vaidoso. Tinha sempre os cabelos penteados. Como não podíamos gastar comprando brilhantina, ele fixava os cabelos usando o sabonete umedecido. Todavia o sabonete umedecido, quando em contato com o sol, ressecava e queimava o cabelo. Eu não tinha tempo nem para pequenos luxos. Queria ganhar dinheiro. Havia uma preocupação constante da minha mãe com o trabalho que eu fazia. Achava que estava crescendo e que precisava aprender uma profissão. Tínhamos um vizinho que era proprietário de uma oficina mecânica, incluindo também o ramo de funilaria. Ele concordou em me levar para aprender o ofício de mecânico ou de funileiro. Fiquei todo alvoroçado, porque ele ia e voltada todo dia de carro. Eu iria andar de carro todos os dias. Aquilo seria uma aventura que nunca pensei ter.

Tinha amizade com o Irineu, irmão do vizinho, e ele também resolveu ir aprender o ofício. Minha mãe me fez um macacão de mecânico e estava toda orgulhosa porque eu iria aprender um ofício. Lembro que fiquei, juntamente com o meu amigo, lavando peças com gasolina dentro de uma vasilha feita com um pedaço de tambor de latão. A sujeira da graxa, que envolvia a peça e que era retirada pela gasolina, ia se fixando nos dedos e nas unhas. Por mais que lavasse com gasolina pura e com sabão, a sujeira não saía. Mas aquilo não incomodava. Ambos sentíamos certa importância, porque os demais mecânicos também tinham as unhas sujas, como se a sujeira fizesse parte da profissão. O macacão limpinho, com o qual fora trabalhar, ficara manchado em vários lugares pela gasolina que espirrava quando passávamos rápido o pincel, embebido em gasolina, sobre a peça suja. A hora de ir para casa era sempre uma aventura. O carro era conversível e ia com a capota arriada. Eu sentava no banco de trás com o meu amigo e deixávamos o vento bater com força nos nossos rostos. O vento frio entrava pelas narinas e deixava a garganta seca. O cabelo farto movia-se em desarranjo. Gostava de tudo aquilo. Já me sentia um profissional. Mas não teria que ser. Ao chegar em casa, recebi a notícia de que teria de deixar a oficina e voltar a engraxar sapatos, porque o dinheiro estava fazendo falta. Não tive dúvida, voltei a engraxar sapatos.

• Cap 18 •

Passei pelo emprego do meu pai, pois se aproximava das seis horas da tarde, horário em que ele iria para casa. Qual foi a minha surpresa quando me encontrei lá com aquele senhor que me havia presenteado com a carriola. Havia construído, para mim, uma caixa de engraxate. Presenteou-me com a caixa e junto havia duas latas de graxa (marrom e preta), duas escovas (marrom e preta), um vidrinho para colocar água, uma escovinha para lavar a parte que ladeia a sola do sapato e um pano, com cerca de cinquenta centímetros, já surrado, para dar lustro no couro do sapato. Enfim, ele me deu um presente completo. Sorriu e disse-me:

– Se fosse mais cedo, você já poderia sair por aí engraxando sapatos e ganhando dinheiro. Seu pai me disse que é o que você mais queria.

Fui para casa, com a caixa a tiracolo, com a faixa que a prendia colocada no pescoço e apoiando no ombro direito. Sentia-me uma profissional das ruas. Naquela época existiam muitos garotos engraxando nas ruas, porque era costume dos homens engraxarem os sapatos. Sapato brilhante era sinal de limpeza. Nenhum namorado iria encontrar com a namorada ou com a noiva para ir ao cinema se não estivesse com o sapato rigorosamente brilhando. Embora não trabalhasse ainda como engraxate, sabia que os que lá estavam já haviam demarcado território. Isso significava que dificilmente seria admitido a engraxar (roubar freguês) nos pontos ocupados.

Naquela noite não dormi. Era como se houvesse ganhado um tesouro. Aquela caixa de engraxar seria a minha companheira, dali para frente, pois tinha certeza de que iria ganhar muito dinheiro. Naquela semana, fui me aproximando, como quem não quer nada, dos meninos mais renitentes e brigões dos vários pontos. Verifiquei que o ponto da estação ferroviária era dominado por dois irmãos, ambos fortes, taludos. Ali não haveria possibilidade de penetração. Quem se atravesse, era expulso na marra. Consegui, depois de duas semanas, aproximar-me de engraxates de um ponto que ficava na rua principal, entre o rio que atravessava a cidade e o jardim que ficava no centro da cidade. Eram só três quarteirões, mas com muitos hotéis. Estava contente. Havia feito amizade e conseguido um ponto para trabalhar. Descobri que havia uma feira semanal, que ficava dentro desse ponto, que funcionava aos domingos. Havia um pequeno muro que separava a calçada da rua do espaço onde os boxes da feira eram instalados. Os fregueses ficavam em pé, encostados no muro que separava a calçada, com o sapato em cima da caixa para ser engraxado. Como regra, os fregueses usavam terno e gravata. Era difícil alguém em manga de camisa. Para mim, o terno e a gravata era sinal de que o freguês era mais abonado e dali poderiam sair boas gorjetas. Havia fila de espera. Naquele domingo, faturei alto. Tinha ido para a porta da feira, por volta de cinco horas da manhã, e sai por volta de catorze horas com o término. Naquela semana, passei a massagear uma ideia em minha cabeça. Queria fazer algo diferente para que pudesse cobrar mais e dar um atendimento que, hoje, nós diríamos personalizado. Não deu outra.

No outro domingo, compareci ao local com uma cadeira nas costas. O freguês que engraxasse comigo pagaria um pouco mais, mas poderia sentar, confortavelmente, numa cadeira, durante o tempo que permanecesse engraxando o seu sapato. Percebi que os fregueses começaram a fazer fila para engraxar comigo. Num primeiro momento, pareceu-me ter trazido a discórdia àquele ponto em que eu havia sido acolhido. Mas não foi isso que aconteceu. No outro domingo, todos os demais engraxates daquele ponto vieram para a feira com uma cadeira nas costas. Todos passaram a cobrar mais. Foi então que tive outra ideia: a de trazer uma revista usada para que o freguês pudesse se distrair. Conseguia facilmente revistas usadas no salão de barbeiro. Na época, era a revista *O Cruzeiro*. Todos queriam ver a folha, onde estava o Amigo da Onça. Para a minha surpresa, todos seguiram as minhas pegadas. Os demais pontos adotaram a minha ideia, porque estavam perdendo fregueses para o nosso ponto.

• Cap 19 •

O Branca de Neve era um negrinho terrivelmente bagunceiro. Bom amigo. Estava sempre aprontando. Batíamos uma bola juntos, num campinho de terra batida, jogávamos na defesa e éramos apelidados de os cavalos, porque, por ali, não passava nada. Ai de quem se atrevesse! Branca, eu e outros amigos da corriola resolvemos fazer retiro espiritual no carnaval de 1948, no qual inúmeros garotos, todos congregados marianos, eram obrigados a fazer o chamado retiro espiritual; obrigados pelo padre! Naquela época, a cidade fora invadida por inúmeros padres italianos que diziam que era proibido ao congregado mariano e às filhas de Maria frequentar o baile de carnaval. Se desobedecessem, iriam todos direto para o inferno... Diziam que, depois da meia noite, todos criariam rabos cumpridos e pontiagudos como o Satanás. Esse rabo não era visto, mas ele existiria para sempre. E quando eles olhassem no espelho, veriam no lugar do próprio rosto: o demônio rindo, com dois chifres enormes. Isso parece invenção, mas não era. Parecia que aqueles padres achavam que estava lidando com um bando de imbecis. Todos riam na cara dos padres. Ficaram desmoralizados. Esvaziaram-se as congregações de Marianos e de Filhas de Maria. As famílias negavam-se a assistir missas rezadas pelos padres fuxiqueiros.

Para o retiro espiritual, todos tinham de levar um colchão para dormir nos corredores do lugar onde seria realizado o retiro. Os corredores eram cumpridos, e lá ficavam dezenas ou até centenas de meninos. As meninas ficavam do outro lado. E não eram vistas. Não podia misturar... Naquela noite, por volta das três horas da madrugada, Branca, que ainda não havia dormido, fato que acontecera com quase todos que ali estavam, deu a ideia para que fôssemos ver se havia alguma coisa para comer na geladeira da cozinha. Não precisou falar duas vezes. Fomos todos para lá. Branca conseguiu abrir o cadeado posto na geladeira e foi uma festa. Padres gostam de comida boa. Tinha presunto, salaminho, manteiga, pão de semolina, vinho, cerveja, doces os mais variados. Não sobrou nada. Branca estava nu. Coberto somente por um lençol branco dobrado e colocado de forma transversal no ombro direito, atravessando a barriga e puxado para o lado esquerdo pela mão esquerda. Eis a cena: luz da cozinha acesa, quando chega o Prior e se espanta com tudo aquilo. Olhou para o Branca de Neve, em sinal de reprovação por estar nu, e perguntou:

– O que o senhor está fazendo nu na frente de todos?

Branca não se deu por achado e respondeu:

– Ocês não diz que a gente deve de imitar os santos??? Tô imitando o São Sebastião. Só to aguardando as "frechada"...

No outro dia, todos foram expulsos do retiro espiritual por conduta imprópria.

Certa vez, o Branca foi ao cinema disposto a aprontar, aliás, era só o que sabia fazer. Entrou e foi logo subindo para o mezanino. Quando começou a sessão, Branca, que estava na fileira de traz, urinou abundantemente e saiu rapidamente do local. A urina vazou pelas fendas do assoalho e foi cair sobre as pessoas que estavam sentadas embaixo do mezanino. Foi uma gritaria. O filme parou. Acenderam-se as luzes. Procurou-se o autor da façanha. Não se descobriu nada. O Branca, quando queria, tinha cara de anjo, anjo preto e safado, mas de anjo. Ele entrava no cinema e quando as luzes se apagavam ele vinha sorrateiramente para a entrada, num espaço de mais ou menos três metros quadrados, onde precisava abrir a cortina para entrar, momento em que a vista embaçava pelo excesso de luz da tela, e jogava punhados de sagu no chão. Os homens com sapatos de solados escorregadios e mulheres com sapatos altos eram apanhados de surpresa e caiam. Quando acendia a luz, o Branca estava sentado num canto e parecia um anjo ou um arcanjo, talvez um querubim... um serafim...

 Numa outra oportunidade ele se saiu mal. Pelo que sei, foi a única vez. Numa determinada rua da cidade havia um armazém de secos e molhados situado próximo a um riacho. Naquela época, era comum privada de fossa. Mas naquele lugar, onde passava o riacho, fizeram duas privadas de madeira em cima do riacho. A pessoa defecava no buraco e a merda caia na água do riacho e era levada para o rio principal. A filha do dono armazém, moça muito bonita e bem feita de corpo, costumava fazer as suas necessidades numa daquelas privadas. Branca não podia ver a moça que já encontrava um canto para se masturbar. Mas a tara do Branca era flagrar a moça fazendo as suas necessidades e se masturbar vendo aquela traseira maravilhosa. Um dia ele ficou de tocaia dentro do rio, logo acima das casinhas, escondido numa moita de capim que estava rente à margem. Quando ela foi para a casinha, Branca correu para ver pelo buraco, embaixo. Qual foi a sua surpresa... A moça estava com diarreia e soltou um esguicho. Branca recebeu uma esguichada de merda pela cara, juntamente com urina, que descera pelo pescoço e a merdice tomara toda a sua roupa e o seu corpo. Ele não deu um pio. Não poderia dar bandeira. Como ele dizia: o bom cabrito não berra. Não se deu por achado, lavou-se com as águas do riacho sem que a moça percebesse, e saiu de fininho, só de cueca, com a calça e a camisa no ombro. Mas não aprendeu a lição. Dizia que um dia iria conseguir. Não sei se conseguiu. Mas ele era tinhoso!

 Quando o Branca fez o "Tiro de Guerra", havia um sargento carne de pescoço (não sei se existe sargento bonzinho) que ficava de olho, porque a fama do negrinho era conhecida. Mas todos sabiam que ele aprontava, mas que também não deixava rastro. Nunca foi pego. Naquele domingo, o sargento levou todos para treinar tiro ao alvo com fuzil. No local havia um buraco usado como espécie de trincheira. Para quem não sabe, o atirador deve segurar o fuzil com força, apoiado um pouco abaixo do ombro, esquerdo ou direito, porque, quando o gatilho é puxado, o fuzil movimenta-se com força em sentido contrário, isto é, dá um coice no ombro do atirador.

Esse movimento do fuzil faz com que o atirador neófito perca a mira. Por isso ninguém deve ficar na frente ou do lado direito ou esquerdo do atirador. Isso é tão verdadeiro que um dos participantes matou um urubu que fazia um voo rasante no local. O acontecido era tão inusitado que o jornal local publicou matéria sobre o assunto e do perigo que havia. Por isso todo mundo ficava sempre alerta. Todavia, como ninguém sabia atirar, e como era necessário fazer um número "X" de pontos para receber o certificado de reservista e não precisar servir o exército, havia uma safadezazinha que todos sabiam e que o sargento fechava os olhos, apesar de se mostrar austero o tempo todo.

A turma que atirava primeiro ficava na trincheira, atrás do pano no qual eram colocados os alvos. Quando todos acabavam de atirar, aqueles que estavam dentro da trincheira abaixados saíam rápido para trocar os papéis do alvo, para nova turma. Nesse momento, furava, com a ponta de um lápis, o alvo daquele que não tinha acertado nenhum tiro. Numa dessas vezes, o colega, muito nervoso, só conseguiu fazer um único furo no alvo do Branca, que não tinha acertado nenhum tiro. Veio o sargento para fazer a contagem e disse:

– Ai seu Branca, teve sorte. Errou cinco tiros, mas acertou um na mosca.

Branca, não teve dúvida e revidou:

– O senhor está enganado, sargento. Todos os seis tiros passaram pelo mesmo buraco!!!

O pior é que o sargento não poderia revidar aquela afirmação. Quem acertou um tiro na mosca, poderia realmente ter passado todos os demais pelo mesmo buraco. O sargento nada disse, mas certamente pensou lá com os seus botões: mas a possibilidade deve ser de uma por cada trilhão... O Branca ficou conhecido como "o rei do tiro ao alvo". Só se falava disso na cidade. O acontecido também foi publicado no jornal local. Como havia completado o número de pontos com aquela façanha inusitada, Branca se negava terminantemente a fazer qualquer exibição. Dizia que se exibir era contrário aos seus princípios. Ademais, não era de sua índole menosprezar os seus companheiros de farda.

Os que conheceram o Branca diziam que ele fora esperto desde criança. Frequentava o grupo escolar, quando a professora pediu que, na semana seguinte, todos trouxesse uma pequena história com a frase "mãe só tem uma". Na semana seguinte, todos queriam apresentar a história que construíra com a frase. Depois de ouvir todas as pequenas histórias de meninos e de meninas, a professora perguntou para o Branca se ele tinha feito ou inventado a historinha sobre frase. Ele respondeu afirmativamente e lascou:

– Eu cheguei ao barraco, por volta de meia-noite. A porta estava aberta, entrei e vi a minha mãe sentada na sala com o seu namorado. Ia pro meu canto lá no barraco, quando a minha mãe, com o caco cheio, determinou: "Branca, muleque safado. Pega duas 'selveja' na geladeira e traz aqui".

Diz o Branca ao abrir a geladeira:

– Mãe, só tem uma!!!

Contam na cidade que Branca certa vez ganhou de um fazendeiro um burro que era cego. Foi uma gozação para provar que o neguinho não era tão sabido. Mas também, dessa vez, Branca não se deu por achado e, quando descobriu a roubada em que havia entrado, disse:

– De graça, eu tomo inté injeção vencida.

Branca, durante algum tempo, deixou o burro pastando no matagal perto da sua casa e ele mesmo ia dar água para o burro. Aí, ele teve a ideia de vender o burro numa vila próxima, já que na sua cidade todo mundo sabia do defeito. Não deu outra. Deu banho no burro, limpou os cascos, fez trancinhas na crina e no rabo do burro para direcionar a atenção dos compradores. Foi para a vila vizinha e postou-se com o burro no centro, por onde muitas pessoas passavam e paravam. Ali, ele fez uma espécie de leilão. Exaltou as qualidades do animal que poderiam ser utilizadas para todo e qualquer trabalho: seria de sela, de carroça ou de arado. Sempre que exaltava as qualidades do animal, Branca dizia:

– Vocês podem olhar direitinho. O defeito está na vista de todos.

Essa frase foi repetida várias vezes. As pessoas se interessaram pelo animal, dadas as qualidades exaltadas pelo proprietário, e ele acabou fazendo uma espécie de leilão e conseguiu um bom preço pelo burro. Quando o novo proprietário montou no burro para ir para o seu sítio, o burro não obedecia ao comando, porque não sabia para onde ir. Nessa altura, o Branca já tinha colocado os pés na estrada. Ele ficou famoso na pequena vila. Quando alguém perguntava sobre o modo pela qual a venda fora feita, ele respondia:

– Não enganei ninguém. Eu disse o tempo todo que o burro tinha um defeito e que o defeito estava na vista.

Branca cresceu e era uma das pessoas mais conhecidas na cidade. Nunca perdeu o seu instinto de gozador. Não perdia uma oportunidade. Era aquela pessoa da qual todos gostavam. Não deu outra. Foi eleito vereador. Tinha que ir para a política. Tinha currículo para isso. Os amigos diziam que ele só poderia ser político, pois não tinha currículo, tinha "folha corrida". Mas na política foi também um tremendo de um gozador. O primeiro projeto de lei dele foi copiado de um antigo vereador da cidade que havia falecido. O objetivo era o de obrigar o vendedor de amendoim, que fazia ponto no centro da cidade, próximo a um cinema, a retirar aquela película avermelha do amendoim.

O projeto foi aprovado e virou lei municipal. Naquela época, havia na cidade muitas charretes puxadas por cavalos e alguns táxis. A corrida de charrete era bem mais barata. Mas havia um inconveniente: o cavalo sujava a cidade de estrume. Não teve dúvida. Lascou um projeto em que os charreteiros deveriam usar uma espécie de sacola na traseira do animal para acolher o estrume. A desobediência estava sujeita à multa. O projeto foi aprovado por unanimidade. Outro projeto do Branca, apoiado pelas senhoras da cidade que defendiam os bons costumes, não teve sucesso. O projeto proibia que as mulheres, quando em lugar público, cruzassem as pernas e permanecem com parte das cochas de fora. O projeto não deu certo, porque no dia da votação havia uma comissão formada por quase todos os homens da cidade que eram contra. O projeto foi arquivado por unanimidade, com o voto do próprio Branca. O tempo passou, mas Branca não perdeu o humor.

• Cap 20 •

    Todos estavam um pouco agitados, pois no sábado próximo haveria festa para a inauguração de um grande paiol de milho e à noite haveria um baile patrocinado pelo dono do sítio. Por não haver absolutamente nada no sentido de divertimento, sendo um dos motivos que incentivavam o aumento da prole, qualquer acontecimento era utilizado para comemoração. E toda comemoração terminava sempre com um baile no sábado. Como regra, as pessoas de toda a região eram conhecidas entre si e havia um costume de levar o casal amigo para padrinho da criança que nascia. Como o número de crianças era realmente grande, também era grande o número de comadres e de compadres.

    Se havia uma comemoração, todos se interessavam e ajudavam no que fosse necessário. As mulheres eram todas prendadas e ficavam encarregadas das comidas e dos doces de toda a natureza. Na pobreza da zona rural, as mulheres aprendiam, desde cedo, a inventar comidas e doces. Tudo era aproveitado. Os homens ajudavam na armação de uma barraca de lona, na qual seria realizado o baile. Nunca vi um baile ao ar livre, por exemplo, no terreiro onde era secado o café. Antes do levantamento da barraca, escolhia-se o local, quase sempre o mesmo de outros bailes, varria-se aquele pedaço, acertava-se o terreno deixando-o plano para que os "pés de valsa" não tropeçassem. Feito isso, espalhava-se casca de arroz sobre o piso e regava com água para evitar o levantamento de poeira. Iniciado o baile, a cada meia hora, vinha alguém com um regador de água e molhava levemente a palha de arroz. Com isso, mantinha-se a poeira presa ao solo. O animador era sempre um sanfoneiro conhecido de todos. Não precisava mais do que uma sanfona e um pandeiro. Em certos casos, juntava-se também o triângulo. Naquele dia, era a inauguração do paiol, onde seria guardado todo o milho que seria colhido. A colheita esperada era promissora.

Tudo começou por volta de cinco horas da tarde. Foi feito um pequeno altar, onde foi colocada a imagem de São Benedito, padroeiro do sítio que tinha o nome de Sítio São Benedito. Como o vigário da cidade não poderia deslocar-se naquele horário para rezar o terço, convidaram o seu Quelemente (que era Clemente de nascimento). No sítio, ninguém conseguia falar seu Clemente. Era seu Quelemente. Mas ele já estava acostumado com esse tratamento. E quando era apresentado para alguém desconhecido, ele se apresentas como Quelemente. O seu Quelemente era mulato e deveria ter uns 40 anos. Idade avançada para a época. Certamente a unanimidade das pessoas, aí incluído o seu Quelemente, era avessa ao banho diário. O suor e o pó proporcionavam um odor característico de manteiga rançosa e de leite azedo.

O seu Quelemente era uma figura conhecida. Não era um lavrador de terras. Era considerado, por todos, um homem meio santo pela sua bondade. Não sabia dizer não. Desde que convidado, marcava presença em todos os acontecimentos. E era sempre convidado. Era ele que encomendava a alma dos que morriam. Era ele que batizava as crianças nas águas do pequeno riacho que sempre existia nos pequenos sítios e fazendas. Era convidado para todos os aniversários de crianças e adultos que sempre terminava numa oração com a participação de todos. As pessoas eram meio místicas. Tinham de acreditar nas coisas transcendentais, porque não havia mais ninguém em quem confiar.

Seu Quelemente, antes de puxar o terço, falou algumas palavras de agradecimento a todos os presentes, principalmente ao dono do sítio, o senhor Zeca da Bezerra, apelido que ganhou quando ainda era garoto, por volta dos seus oito anos, por ter um carinho exagerado por determinada bezerra que sempre o acompanhava. Hoje ninguém mais se lembra do acontecido. O seu Quelemente puxa o terço com voz de marreco no cio. Sabe como é... quem, quem... Eu ouvia aquela voz rezando e perguntava à minha mãe se ele não estava desrespeitando o santo! Ela me mandava calar a boca. A reza iniciava de forma compassada, mas, do meio para diante, ele passava a pronunciar rapidamente as palavras e atropelava todos os presentes, que sempre terminavam depois. Enquanto o seu Quelemente estava iniciando o Padre Nosso, os demais estavam terminando a Santa Maria. Mas todos já estavam acostumados a essa falta de sincronismo e isso não tinha a menor importância. A culpa não era toda do seu Quelemente, mas também da surdez de muitos dos participantes, com idade já chegando aos 30 ou mais anos. O que importava era a fé demonstrada naquele momento. Depois, ninguém era perfeito. E pensando bem, o seu Quelemente era um homem bom, certamente escolhido por Deus. Todos os demais eram pessoas simples e até simplórias que tinham fé e eram tementes a Deus. Seguiam aquilo que lhes fora ensinado pelos pais, avós, pessoas mais antigas.

 Depois do terço, haveria comes e bebes e, depois, o baile, esperado por todos. Seu Quelemente não ficava nunca para o baile. Depois de comer algumas iguarias, seguidas de alguns docinhos, ele se retirava para a sua casa. Beber cachaça, nem pensar. Um anisete, talvez. Tinha uma pequena chácara de dois alqueires, com uma aguada boa, pela qual passava um filete de água que formava uma pequena represa, com nascentes dentro do seu terreno. Ali vivia com esposa e filhos. Era horticultor. Tirava o seu sustento da terra, consumia o leite de algumas vacas que mantinha no pasto e peixes da represa. Gostava de caminhar. Do sítio, onde fora rezar o terço, até a sua casa, ia para mais de légua. Mas seu Quelemente caminhava rezando baixinho. Era um homem bom, devotado a

Deus. Veio para aquelas paragens já casado. Pouco ou nada se sabia sobre ele. Mas isso pouco importava para aquela gente que lhe tinha muita consideração.

Por volta de oito horas da noite, iniciou o baile. Dentro da cobertura de lona eram instalados bancos improvisados com tábuas e pedaços de madeira, amarrados com cordas ou pregados. As mulheres e as moças solteiras ficavam todas sentadas e os homens ficavam em pé. As mulheres casadas geralmente dançavam com os seus maridos ou com amigos da família. Para as moças que não tinham namorado, era a oportunidade de encontrar um parceiro. Atrás dos bancos, as mães improvisavam camas no chão para as crianças de colo ou de pouco idade. Apesar do barulho, todos dormiam tranquilos.

Nos bailes havia sempre um bar improvisado pelo Neco da Viúva. Esse apelido surgiu, porque o Neco era solteirão e passou a namorar a Berta, uma viúva sacudida (sacudida era sinônimo de gorda) que devia pesar o dobro dele, por volta de 120 quilos. O que importa é que viviam bem. Ali se vendiam vários tipos de pinga: pinga pura, pinga com gengibre, pinga com catuaba, pinga com ervas, pinga com pimenta, anisete, sanduíches de paçoca de peixe (peixe com farinha de milho e azeite) e doces: pé de moleque, paçoca de amendoim, amendoim em casca e torrado, amendoim sem casca e torrado, doce de abóbora, doce de batata, doce de laranja, doce de cidra, doce de coco, doce de mamão com coco, doce do miolo do pé de mamão com coco, doce de manga, doce de goiaba branca e vermelha, doce de leite, bolo de milho, bolo de fubá, bolo de farinha de trigo. Enquanto as mulheres e as crianças ficavam nos doces, os homens enchiam a cara de anisete e de pinga.

Os homens traçavam todas. E não podia dar outra. Lá pelas tantas, estavam no fogo. Sem forrar o estômago com comida, iam jogando pinga garganta abaixo e só poderia dar em bebedeira. Diziam que todo homem (ou mulher) chegado à cachaça tinha dois padroeiros: São Jorge, porque matou o bicho, e Joana D'Arc, porque morreu no fogo.

Nesse estado de coisas eram comuns as brigas. Geralmente eram brigas sem maiores percalços. Os bêbados acabavam dormindo em algum canto até o final do baile. A briga perigosa era aquela que tinha início quando um moço, sóbrio ou meio bêbado, tirava uma moça para dançar e ela se recusava. A recusa tinha o apelido de tábua. A tábua era uma ofensa muito grande para aquele que tirara a moça para dançar. Era uma vergonha perante os amigos e conhecidos. Muitas vezes a tábua era merecida, pois o cavalheiro estava mais para pudim de pinga do que para dançarino. Sempre que acontecia uma briga, a turma do "deixa disso" entrava em ação e dispersava o brigão. Nem sempre isso era possível. Havia caso em que a briga transformava-se em quebradeira e o baile terminava em pancadaria. Mas dias depois, estavam todos unidos novamente, com pedidos de desculpas, botando culpa na pinga que havia sido ingerida em demasia. Uma amizade não era desfeita por causa de uma simples desavença.

• Cap 21 •

Naquela noite a Igreja matriz estaria em festa. Dali iria sair, às oito horas da noite em ponto, a procissão para a glorificação de Jesus Cristo, também conhecida como a procissão do Senhor Morto. Havia aquelas senhoras que sempre participavam e ajudavam na organização da procissão, indicando o lugar e a pessoa que deveria levar este ou aquele estandarte. As Filhas de Maria e os Congregados Marianos teriam os seus respectivos lugares de honra. O padre Jesuíno, preocupado que alguma coisa não saísse a contento, e temendo as línguas afiadas das mulheres, fez a moça, que iria representar a Verônica, ensaiar durante toda a tarde por horas seguidas.

Como acontecia há décadas, o Zé do Pito foi encarregado de bater a matraca. Quando chegava a época de organizar a procissão, Zé do Pito se tornava o terror da vizinhança no bairro onde morava. Ele ensaiava a matraca, dia e noite. As crianças de colo ficavam estressadas e não conseguiam mais dormir. As mães diziam que elas sonhavam com a bendita da matraca. Mas Zé do Pito não se dava por achado. Encarava a sua participação como um sacrifício a Deus do qual todos, homens, mulheres e crianças, tinham de participar e ofertar o sacrifício a Deus. O Zé havia se tornado um exímio tocador de matraca. Tinha uma rapidez nas mãos e nos dedos. O som que tirava, dizia ele, nenhuma outra pessoa conseguiria. Para mim, os sons das matracas eram todos iguais: chatos, aborrecidos. Zé foi até a Igreja, por volta de seis horas da tarde, enrolou a matraca num pano e colocou o instrumento de percussão, cuja sonoridade nobre somente ele conseguia tirar, num dos altares. O azar do Zé do Pito foi que o Dieguinho, um garoto endiabrado, viu Zé escondendo a matraca debaixo do santo. Dieguinho era o verdadeiro menino sardento. Gostava de aprontar. Aprontar era com ele mesmo. Tão logo o Zé saiu, Dieguinho pegou a matraca e saiu com ela escondida debaixo da camisa. Depois, sem que ninguém visse, voltou e colocou-a, embrulhada, no mesmo lugar, porém com uma quantidade grande de pó de mico. Aquele pó que faz todo mundo espirrar sem parar.

Tudo indicava que alguma coisa não iria dar certo. Para completar, havia o João da Missa, também apelidado Colete Preto, porque, durante muitos anos, vinha usando um colete preto, do qual ele não se separava. O João da Missa ganhou esse codinome porque assistia a todas as missas. Ele não gostava que o chamassem de Colete Preto. Quando provocado, sempre respondia de forma agressiva. Parecia que tudo havia contribuído para que nada desse certo naquela noite. Como diria o Branca de Neve: "Tá tudo do jeito que o Diabo gosta, quando está chupando manga". Felizmente o Branca não participava da procissão.

Às oito horas da noite, estavam todos em forma nos seus respectivos lugares. João da Missa, vulgo Colete Preto, com um imenso estandarte na frente, Zé do Pito com a sua matraca e a Carmelita que iria representar a Verônica cantando e mostrando o Santo Sudário, que retrata o rosto de Cristo, na frente da procissão, pois ela iria se movimentar o tempo todo. Chegada a hora, padre Jesuíno toma a frente e autoriza a saída do andor da Igreja. A procissão ia descer pela rua principal da cidade, que estava toda enfeitada com desenhos feitos pelos fieis com motivos sacros, formando um imenso tapete. As calçadas de ambos os lados estavam tomadas pelo povo. Uma parte, à medida que a procissão ia passando, ia se juntando a ela e, no retorno, pela rua do lado, a procissão já contava com centenas de pessoas. Vagarosamente ia iniciar a caminhada religiosa, quando o Zé do Pito começou a desenrolar a matraca. Foi aí que a coisa começou a cheirar mal.

O pó de mico, que estava depositado em grande quantidade no pano que envolvia a matraca, foi arremessado sobre dezenas de pessoas que estavam na frente da procissão, segurando estandartes e conduzindo o andor. Imediatamente houve uma sequência de espirros que pegou o Zé e todas os demais, que representavam uma espécie de comissão de frente, desprevenidos. Na confusão, a matraca caiu no chão. Quando Zé do Pito a apanhou, verificou que a haste, que se movimentava e batia na base de madeira, produzindo o som, estava literalmente colada com super bonder, não permitindo o movimento, fato que impediu o Zé de oferecer aos presentes as suas habilidades matraqueiras. Os que lá estavam viram um Zé do Pito esmorecido, desanimado, triste. Assim mesmo, permaneceu na procissão. Mas sem dizer palavra. A sua fisionomia era de sofrimento, pois aquilo nunca havia acontecido.

Depois daquele dia, Zé nunca mais participou de nenhuma procissão. Achava que aquilo tinha sido um aviso do santo para que ele parasse. Alguns anos depois, o Zé morreu e levou para o túmulo a sua matraca. Tinha pouca gente no seu velório. Zé do Pito, o exímio instrumentista de matraca, havia sido esquecido. Os moradores mais antigos diziam que, no dia da procissão do Senhor Morto, ouvia-se o matraquear da matraca no túmulo do Zé. Dizem que isso é verdade verdadeira... Naquele dia, um outro acontecimento também tirou o brilho da procissão. O padre obrigara a Carmelita a ensaiar tanto que ela perdeu a voz e ficou completamente afônica. Havia forçado demasiadamente as suas cordas vocais que elas emudeceram. Quando abriu a boca, para entonar algumas notas da melodia que deveria cantar durante todo o trajeto ao mesmo tempo em que exibiria ao público o Santo Sudário, a voz não saiu. No lugar da voz saiu uma espécie de guincho, como quando alguém pisa no rabo de um gato. O padre não se conformava com o que estava acontecendo, mas achou logo uma explicação.

– Deus sabe o que faz. Deus dá, Deus tira. Vamos rezar para que a procissão do ano que vem seja livre de qualquer percalço.

Carmelita não disse nada. Mas intimamente culpava o padre pelo excesso de ensaios, fato que acabou por prejudicar a emissão da voz. A procissão prosseguiu com Carmelita, muda, exibindo o Santo Sudário. A caminhada já havia chegado ao final da rua, que terminava na estação ferroviária, e já tinha feito a volta por outra rua paralela em direção à Igreja. Na frente, carregando um dos estandartes com a imagem do Anjo Gabriel, ia todo garboso o João da Missa, cognominado Colete Preto, apelido que abominava e que, se e quando proferido, tirava-o complemento do sério e o fazia perder a compostura. Não deu outra. A procissão ia passando pela praça central e todos cantavam, fervorosamente, a música sacra: "Os anjos, todos os anjos...". João da Missa, na frente, soltava a voz numa intensidade descomunal, cobrindo, praticamente, todas as vozes dos demais. Até o padre Jesuíno, que se gabava de ter voz de tenor, ficava no chinelo quando o João da Missa soltava a voz. A voz não era agradável. Ao contrário, parecia o canto de uma araponga estressada. Foi quando um bando de meninos do outro lado da rua gritou em voz uníssona:

– Colete Preeeto!!! Oooo Colete Preto!!!

Na primeira provocação, João da Missa se segurou e continuou cantando com maior intensidade ainda.

– Os anjos... todos os anjos...

Mas a provocação não parou!

– Colete preeeeeto!!! Ooooooooo colete preeeeeto!!!

– Colete preeeeeto!!! Ooooooooo colete preeeeeto!!!

Padre Jesuíno fez o sinal da cruz e rogou aos céus com medo do palavrório que viria do João da Missa, quando transformado no Colete Preto. Sabia que era uma metamorfose demoníaca...

Veio nova provocação.

– Colete preeeeeeettttttttttto!

– Oooo coleeeeeteeeee preeeeeetoooooo!

A última provocação tirou o João da Missa do sério. Sua mente entrou em ebulição. Ele virou bicho. Todos perceberam que a sua fisionomia havia mudado. Estava irreconhecível. Mudara de cor e estava babando nervosamente. Com os olhos avermelhados, parecia que tinha incorporado o demônio. João da Missa estava naquele momento transformando-se no Colete Preto, que todos temiam. Os seus olhos vermelhos e a boca entreaberta deixava visível os dentes caninos, como se estivesse liberando uma fera bravia. Mas, decorridos alguns segundos, a sua fisionomia volta ao normal e, como por milagre, a fera se recolhe e Colete Preto volta a ser o pacato João da Missa. E aí, com o estandarte na mão direita, ele bradou com toda a pujança da sua voz, erguendo o braço esquerdo acima da cabeça, mas sem comprometer a melodia:

– Colete Preeeto é a puta que o pariuuuuuuuuuuuu........

Em seguida, a polícia afastou os baderneiros e a procissão seguiu tranquilamente até a Igreja. Ninguém comentou o assunto. Colete Preto já havia tomado a identidade de João da Missa e já nem se lembrava do ocorrido.

• Cap 22 •

Embora fosse comum o casamento de filhas até os dezoito anos, havia casos em que acabavam ficando para "titia", como diziam as más línguas, fingindo estar falando de uma maneira afetiva. Era a cultura da época. A moça devia casar cedo e ter logo os filhos, que muitas vezes não se poderia contar nos dedos das duas mãos. Era status ter família numerosa. Mas de forma subjacente, sem que fosse comentada, havia a preocupação do pai com a filha em idade de procriar. Sabia que a filha tinha necessidades sexuais e não queria correr risco. Achar um marido era a principal preocupação. Somava-se a isso, o fato de poder livrar-se de uma boca para comer. Quando a filha casava, a responsabilidade passava para o marido.

Numa época em que não havia maiores divertimentos, o sexo falava alto para o moço e para a moça. Na cidade, poderia ouvir rádio. No sítio, nem isso havia. O excesso de trabalho físico, na cidade ou no sítio, incentivava a libido. Formava-se um círculo vicioso, no qual o sexo sempre estava presente. Os meninos eram criados para serem machões. A maior preocupação do pai e da mãe era ter um filho que não gostasse da coisa ou, pior, que gostasse de virar o traseiro. Desde o nascimento, as mães ficavam mexendo no bilau do menino. Sabe como é... Não custava nada incentivar. Aos catorze anos, o pai combinava com uma prostituta da zona do meretrício para a iniciação do filho. Isso acontecia com filhos de ricos ou de remediados. Filho de pobre aprendia logo na prática. No sítio, o menino traçava todos os animais, cabrita, potranca, novilha, mula, e aves, como galinha, pato, peru, ganso, marreco, galinha d'angola. O Zarôio era tão tarado que diziam que ele tinha traçado a fêmea do urubu.

Mas a mais concorrida mesmo era a cabrita. Mas não se dispensava uma gata. Porém, nesse caso, haveria cuidados especiais. Ela deveria ser colocada de frente dentro de um bota, inclusive as patas traseiras, ficando de fora apenas a parte do buraco. As próprias mães davam a dica, depois que um menino apelidado Minhoca foi arranhado por uma gata, tendo que ir para o hospital, quando tentou enrabá-la na marra. O apelido veio do fato de o garoto ter um pinto cumprido e fino, com a cabeça arroxeada, parecendo uma minhoca.

No sítio, o menino com doze anos já estava escolado, pois havia começado a masturbação coletiva aos cinco ou seis anos de idade. Aos sete anos, era um profissional da masturbação, podendo usar as duas mãos. Bastava ver uma perna ou parte de uma coxa ou que a professora virasse o traseiro para escrever no quadro negro, para que o pinto do menino ficasse ereto. Não se descartava casos em que o menino, sentado na carteira do fundo da classe, se masturbasse olhando o traseiro da professora. Mas não era só a professora. Era qualquer mulher. As brincadeiras com meninas poderiam render muito. No sítio, não se brincava de médico e paciente, pois ninguém sabia o que era isso. Brincava-se de marido e mulher. Isso todos sabiam...

Havia uma família de fazendeiro que se mudara para a cidade. Ao invés de ficar morando na fazenda, o fazendeiro achou melhor morar na cidade e viajar diariamente para a fazenda com uma caminhonete e fosse dada oportunidade para que os filhos estudassem. Entre os filhos, havia uma moça que beirava os seus trinta anos. Lembro-me que tinha a tez clara, olhos azuis e cabelos loiros mechados naturalmente. Poder-se-ia dizer que era uma mulher bonita, se não estivesse avançando a linha da obesidade. Mesmo assim, era uma mulher bonita. Ser gordo, na época, homem ou mulher, era sinal de saúde. Lembro-me de uma frase muito usada no sítio, quando se queria elogiar uma pessoa gorda, dizia-se: "que beleza, parece até um capado".

Capado era o porco em regime de engorda que ficava confinado no chiqueiro. Para a pessoa que ouvia, era um elogio. Ela se sentia prestigiada. Tudo era uma questão de cultura. Um acontecimento envolvendo essa moça a tornou conhecida na cidade, pois antes era uma ilustre desconhecida. Não tinha namorado, não frequentava lugares como cinemas, bailes. O máximo que fazia era ir à farmácia. A moça que passava da idade para casar acabava ficando uma espécie de dona da casa. Empurravam para ela todos os trabalhos domésticos, como cuidar da casa, dos irmãos mais novos, das refeições, fazer compra na venda, comprar roupas e calçados para os irmãos mais novos. Como não tinha casado, era uma boca a mais a pesar nas despesas da casa. Por isso era justo que pagasse, de alguma maneira, pelas despesas com a sua permanência. A moça solteirona não era bem vista nem mesmo pela família. O tratamento dado era diferenciado para pior. O epíteto de solteirona era tido como uma *capitis diminutio* ou como uma ofensa para a família. A solteirona passava a ser uma espécie de empregada doméstica. Todo ser humano normal está ligado ao sexo e tem a libido sempre presente. A mulher se casa e satisfaz as suas necessidades em relação ao sexo e pode até realizar as suas fantasias, se casar com o homem certo. Se não casar com o homem certo, pode entrar num inferno em vida. Hoje, a mulher, solteira ou casada, está mais liberada. A solteira pode até ter produção independente. Naquela época, isso não acontecia. A solteira poderia, sim, ir para a zona. Mas certamente sofreria pressão da família e teria que mudar de cidade.

A grande maioria (ou a quase totalidade), às escondidas, masturbava-se doidamente, mas disso jamais falaria com alguém. Era um segredo seu que levaria para o túmulo. Mas um dia essa moça cometeu um erro. Numa fúria sexual, premida por uma necessidade exigida pelo corpo e pela mente, ela extrapolou os meios ortodoxos normalmente utilizados, que é o emprego dos dedos para automasturbação, e se superou em invencionice. Muitas mulheres em igual situação usam uma banana nanica de vez, isto é, menos dura, já que a verde é por demais dura e pode machucar o útero, ou usa uma cenoura de tamanho satisfatório. O nabo deve ser colhido tenro, pois, depois de granado, ele cresce muito e teremos nabo do tamanho de uma mandioca. É possível que ela já viesse utilizando-se de todos esses meios. Naquele dia, seus pais e seus irmãos tinham ido a um casamento. Ela normalmente não ia a qualquer festividade, porque se sentia discriminada. Possivelmente houvesse arquitetado uma nova cessão de masturbação de uma forma diferente. Esse foi o seu erro. Não medira os resultados. Só podemos conjeturar que um desejo sexual muito ativo, uma espécie de ninfomania dominara os seus instintos primitivos, turbando a mente de qualquer raciocínio. Ela estava só. Nada poderia dar errado. Ela teria que ousar. Era necessário. Foi quando ela introduziu uma garrafa de cerveja malzbier vazia, cujo bocal inicia fino e vai se arredondando suavemente até chegar ao corpo da garrafa. A sua fúria libidinosa era tamanha que ela introduziu a garrafa até a metade, tendo tido o cuidado de lubrificar a ponta. É possível que tenha sentido prazer ao fazer os primeiros movimentos de entra e sai com a garrafa.

 O seu inferno astral começou quando quis retirar a garrafa. O movimento de sucção fez pressão, puxando para dentro da boca da garrafa uma parte do útero, pressionado com o aprisionamento do ar. Ao forçar a retirada da garrafa, deve ter sentido dor. A pressão, nesse caso, é tão forte que, se forçada a retirada, seguramente uma parte do órgão seria arrancado. Certamente ela percebeu a enrascada em que havia se metido. Estava só em seu quarto. Teria que aguardar a volta dos seus familiares para que alguma providência fosse feita. A única pessoa para quem poderia pedir ajuda seria a sua mãe, quando chegasse da festa. Como trazê-la para o quarto? Sua cabeça deve ter arquitetado as mais variadas formas possíveis de trazer sua mãe ao quarto, sem que ninguém percebesse. Conseguiu. Mas a sua mãe, pega de surpresa naquela situação inusitada e com pensamento pudico comum entre as mulheres daquela época, que não gostavam nem de ouvir falar em sexo, tema proibido, também não sabia o que fazer. A situação era desesperadora. Não poderia chamar o pai da moça, pois ele dificilmente entenderia o acontecido e jamais perdoaria a filha pelo vexame. Foi então que a mãe teve a ideia de chamar o médico que há muitos anos atendia a família. Era um senhor já de certa idade e certamente compreenderia o que havia acontecido e guardaria sigilo absoluto. Telefonou para o médico, não disse o que era, e pediu que viesse imediatamente. Dez minutos depois, lá estava o médico com os petrechos para exames. A mãe inventou uma história de que a filha fora acometida de um mal súbito. Coisas de mulheres. E não deixou o marido entrar no quarto da moça. O médico, frente àquela cena que poderia ser considerada jocosa se não fosse triste, quebrou o fundo da garrafa. Com isso, o ar saiu e a pressão desapareceu; o que sobrou foi facilmente retirado. Conheci o médico e tenho certeza de que ele era um túmulo. Mas o fato acabou indo a público. Só posso concluir uma coisa: o médico contou o ocorrido para a sua mulher...

• Cap 23 •

Era um domingo de maio. A tarde estava ensolarada e a temperatura era quente. Algumas centenas de pessoas estavam reunidas numa parte da cidade mais isolada do centro, por onde passa um rio que atravessa a cidade. Naquele dia seriam batizadas todas as pessoas que faziam parte daquela Igreja e que ainda não haviam sido batizadas. As formalidades aconteceriam numa parte de um terreno coberto por mato e que estava localizado acima de uma ponte, construída há quase um século. Naquela época, a cidade não contava com rede de esgoto tratado e os dejetos (material fecal) originários das descargas das casas eram jogados diretamente no rio por meio de uma tubulação sob a ponte. Aquele lugar era uma espécie de ceva de lambaris, de piavas e de curimbatás. Mas a ceva era de estrume humano. Num espaço acima da ponte, denominado Pé de Chumbo, livre dos dejetos, centenas de meninos de várias idades reuniam-se aos sábados e domingos para nadar no rio. Cerca de quinhentos metros rio acima, havia outro lugar apelidado de Formigão, onde havia a reunião de crianças e de adultos Em ambos os lugares, todos nadavam nus. Tiravam a roupa na beira do rio, colocavam sob uma moita de capim e pulavam nus na água. Somavam algumas centenas em constante algazarra, pareciam um bando de maritacas ou de quero-quero.

Era uma alegria total. Eram crianças e marmanjos pobres que viam ali o único lugar para divertimento no sábado e no domingo. A linha do trem passava do lado direito do rio, que descia e atravessava a cidade. Nessa hora, quase todos saíam da água para exibir, cada qual, a sua nudez aos passageiros do trem. Cidade pequena, população diminuta, ninguém nunca se incomodou com aquela aglomeração de crianças, pois era um lugar retirado e que não atrapalhava ninguém. A Delegacia de Polícia ficava cerca de cem metros distantes do local. De vez em quando os soldados, com o único objetivo de se divertirem, já que não havia trabalho numa época em que o ladrão só roubava galinha quando o dono não estava em casa, carregavam todas as roupas e levavam-nas para a Delegacia. Os usuários do rio não se incomodavam nem ficavam temerosos de alguma represália. Permaneciam brincando e somente à tardezinha, quando o sol já estava se pondo, faziam um fila, pelados, na porta da Delegacia para receber as roupas de volta. A fila de nudista não deixava de ser uma atração para quem passava pela rua. As senhoras pudicas, aos sábados e aos domingos, passavam pela rua ao lado. Era uma época em que todos andavam muito a pé, pois a maioria não tinha condição de comprar um carro, pois eram todos importados. As pessoas de posse, que poderiam importar um carro, poucas vezes desfilavam pela cidade. Quando o faziam, parecia uma demonstração de poder. Cidade pequena não comportava linha de ônibus.

O batismo, que seria feito pelo pastor da Igreja, fora marcado para uma sexta-feira, a partir das quinze horas. Chegado o dia, havia um fila de cerca de quatro quarteirões. Todos estavam vestidos com uma túnica branca solta no corpo e descalços. Podia-se ver a alegria e a fé no rosto daquelas pessoas que seriam submetidas ao mesmo batismo ao qual Cristo fora submetido no Rio Jordão, por obra de João Batista. Este, ao realizar batismos no Rio Jordão, reconheceu na pessoa de Jesus o Messias prometido; hesitou em batizá-lo, porque, Ele, Cristo, não tinha pecado para que recebesse o batismo de arrependimento. Mas Jesus insistiu no seu batismo para que se cumprisse toda a justiça, pois João não tinha a revelação completa da nossa redenção em Cristo.

O pastor postou-se no meio do rio, onde a água subia até a sua cintura. Iniciou a sessão de batismo na hora aprazada. Foi chamado o primeiro da fila, que deveria dizer o nome e pedir para que fosse batizado. Feito isso, a pessoa colocava a mão no nariz, segurando a respiração, o pastor coloca a mão no pescoço dela e a afundava sob as águas a uma profundidade de quarenta centímetros e pressionava a cabeça por cerca de dois segundos, proferindo as seguintes palavras:

– Como Cristo foi batizado por João Batista no Rio Jordão, eu também te batizo.

Após essas palavras, o pastor reduzia a pressão no pescoço e retirava a cabeça do fiel da água. O pastor então perguntava:

– Irmão, você viu Jesus?

A pessoa respondia:

– Vi Jesus.

O pastor dizia:

– Está batizado. Siga com Jesus.

Esse ritual já se havia repetido para centenas de pessoas. Mas lá, no final da fila, havia surgido uma pessoa visivelmente embriagada, conhecida na cidade como Zeca da Catuaba ou Pudim de Pinga, alcoólatra de carteirinha e juramentado, que perguntou para que era aquela fila. A resposta dada foi a de que era para ver e receber Jesus. Dizem que o Zeca teria dito:

– Se é de graça, tô nessa.

Depois de algumas horas, chegou a vez do Zeca. Foi a maior dificuldade descer o pequeno barranco para entrar no rio. Quando desceu, estatelou a fuça dentro água e já achou ruim, achando que alguém o teria empurrado. O pastor percebeu que aquele não era uma das suas ovelhas, porque não estava de túnica branca nem descalço. Mas não seria justo discriminá-lo, deixando de fazer o batismo. O Zeca não conseguia se equilibrar dentro d'água. Foi quando o pastor pegou-o pelo pescoço e o enfiou dentro d'água. Segurou o tempo suficiente para dizer as palavras de praxe e o retirou. Olhou para o Zeca, cujos olhos estavam mais vermelhos que o de costume, e perguntou impostando a voz:

– Você viu Jesus, meu filho?

O Zeca respondeu de pronto:

– Num vi nada. Nadinha!!!

O pastor pegou-lhe pelo pescoço outra vez e o arremessou para dentro d'água e segurou um pouco mais. Com o Zeca já com a cabeça fora d'água, o pastor perguntou:

– Você viu Jesus, meu filho?

O Zeca, cambaleante e ofegante, respondeu:

– Num vi nada. Tá escuro pá caramba

O pastor novamente mergulhou a cabeça do Zeca, e, dessa vez, segurou cerca de dez segundos. Zeca fazia força para subir e o pastor não deixava. Quando soltou, o Zeca deu um pulo de quase um metro acima da superfície. Estava de tal forma ofegante que não conseguia falar.

O pastor, calmo e se sentindo vitorioso por tolerar aquele Pudim de Pinga, fez a pergunta de praxe. Foi quando veio a resposta do Zé de forma contundente:

– Oh meu. O cê tem certeza de que jogaram o home aqui!!!?

• Cap 24 •

Éramos uma turminha muito unida de seis rapazes, cuja idade variava de 18 a 20 anos. A cidade tinha pouco ou quase nenhum atrativo. Durante a semana, não existia absolutamente nada, a não ser assistir a um filme ou ficar ouvindo música na Rádio Propaganda, que tinha alto-falantes em dois pontos da cidade, inclusive no jardim central, onde a maior parte se reunia. A cidade esvaziava por volta das nove da noite, quando fechava a Rádio Propaganda, com um discurso cívico bem próprio da época: "Somos um povo livre, uma nação. E este patrimônio cívico e moral que herdamos dos nossos antepassados, haveremos de legá-lo aos nossos filhos, os brasileiros de amanhã".

Depois das dez horas da noite, não havia viv'alma na rua.

Lembro-me de que o Jacintinho gostava de assistir filme em que tinha ou se falava de cemitérios, do Lobisomem, do Frankenstein, do Drácula, filmes com Lon Chaney e Bella Lugosa, apesar de se borrar nas calças de medo. Quando terminava a sessão, ficava com aquelas cenas terríveis na cabeça e ia correndo para casa. A sua mãe deixava a porta encostada com uma cadeira (isso era costume de todas as mães), que ele levava no peito na hora que chegava. Depois ia ofegante para debaixo das cobertas e cobria a cabeça. Sua mãe tinha de levantar e fechar a porta. Contam que, certa vez, uma moça que havia assistido a um filme de terror, ao sair do cinema, encontrou um guarda na saída e disse que tinha medo de andar pelas ruas àquelas horas da noite e falou que ia para determinado bairro, distante do centro. O guarda gentilmente deixou-a mais sossegada ao dizer que também iria para aquele mesmo lugar. A conversa estava tão animada que ela não percebeu que já estavam próximos ao bairro. Foi quando ao passar na frente do cemitério, ela disse:

– Eu tenho medo de passar na frente do cemitério à noite.

Ao que o guarda respondeu:

– Quando eu era vivo... também tinha muito medo...

Aos sábados, quase que infalivelmente, íamos para uma das cidades próximas, onde houvesse baile. Era uma atração, pois iríamos conhecer garotas novas, com as quais poderíamos nos relacionar. Cotizávamos para pagar o táxi que nos levaria até o local. O motorista topava levar quatro passageiros no banco de trás e dois no banco da frente, fora o motorista, desde que todos pagassem a sua cota. O carro era um velho Dodge com mais 360 HP e subia até em parede. Para o taxista, era um bom negócio, numa cidade sem movimento. Quando todos estavam no táxi, alguém descia com a desculpa de que ia tirar o paletó para não amarrotar na viagem e, nesse momento, outro passageiro entrava e ia deitado atrás dos bancos da frente, de baixo dos pés dos que iam atrás. Era uma apertura só. O carro, com tanto peso, ia vencendo a estrada de terra galhardamente. O taxista não percebia a superlotação. Se percebia, ela fazia que não sabia para não perder a viagem, fato que acontecia só nos finais de semana. Era a idade da irresponsabilidade. Todos queriam aprontar. Fazer coisas mal feitas parecia ser um modo de divertimento. Eram brincadeiras que não prejudicavam ninguém. Numa dessas viagens, encontramos um tatu na estrada. O colega, apelidado de Anu Branco (era claro e tinha um topete loiro que se abria), desceu, pegou o tatu e guardou no porta mala do carro. Era um baile de debutantes. Na hora em que estavam dançando a valsa, o Anu Branco soltou o tatu no salão. Foi a maior correria. Foi quando o Anu Branco, que já tinha experiência em agarrar o bicho, conseguiu apanhar o tatu, sob os aplausos de todos. Anu Branco foi o herói da noite, com bebida de graça, e se gabava disso.

Na turminha, tínhamos um amigo português, recém-chegado da terrinha, que tinha ejaculação precoce. Seu nome, como não poderia deixar de ser, era Manuel. Era uma tragédia. Na época, usava-se muito terno branco de linho ou azul escuro de casimira. Ele gostava de usar terno branco. Era um moço bonito, de tez clara, e de olhos verdes. Apresentava-se bem e falava razoavelmente. Manuel tinha de se masturbar logo que chegava ao baile. Com isso, ele seguraria por algum tempo o orgasmo que se dava precocemente. Sempre fazia isso. E naquela noite não foi diferente. Mas se descuidou. Começou a dançar com determinada moça e repetiu a dose por várias vezes. Não deu outra. Quando menos esperava, veio a ejaculação na primeira encostada na barriga da dita cuja. A prodigalidade de esperma que produzia era um absurdo. Parecia um chafariz. Manoel deixou a moça sozinha no meio do salão e saiu às pressas para fora do salão. A perna da calça estava molhada num espaço de uns vinte centímetros com aquela cor cremosa amarelada. Foi o maior vexame! Foi para o carro por volta de uma hora da madrugada. Lá ficou até o término do baile, por volta de cinco horas da manhã. Havia outro amigo que pertencia à turminha e que tinha a libido à flor da pele, o que significava que a sua mente só pensava naquilo. Felizmente ele não tinha ejaculação precoce. Ao contrário, era disputado entre as mulheres da zona do meretrício pelo fato de conseguir controlar a ejaculação, podendo fazer isso por horas a fio. Era um privilegiado, diziam todos que o conheciam. Mas quando ia a um baile, tinha de amarrar o bilau na perna esquerda, para não dar vexame, porque o dito cujo, além de grande, era grosso. Parecia uma banana nanica em dose dupla. Depois de algum tempo dançando com belas garotas, a libido vinha com toda a força e ele tinha que se masturbar para descarregar a pressão. Naquela época, a transa com uma garota era mais difícil, porque todas tinham que casar virgem.

Se a mulher perdesse a virgindade com o namorado ou com o noivo antes do casamento, certamente ele não mais se casaria com ela, porque a família não deixaria. Mulher que cedesse antes do casamento não era confiável para casar e constituir família. Se ficasse grávida, sem marido, seria expulsa de casa. Se fosse deflorada, enquanto menor, o delegado resolvia a situação facilmente fazendo o cara casar na marra. O poder de persuasão dos delegados era irresistível. Mas o que ninguém falava e fazia de conta que não sabia de nada, principalmente as senhoras pudicas, era que a tensão sexual do moço e da moça era resolvida por meio da cópula anal ou oral. Com isso, a moça continuava virgem e poderia casar na Igreja, vestida de branco e ainda jogaria o buquê para as amigas. As famílias ficavam felizes. Mas o costume era uma faca de dois gumes. A moça namoradeira acabava tendo relações anais com vários namorados e acabava gostando de variar. Lembro de uma moça que tinha o apelido de Lambreta, porque havia liberado para geral a traseira. Existiam aquelas moças que eram castradas pelas famílias, com marcação cerrada e diuturna pela mãe, pelo pai e pelos irmãos, que não sabiam coisas elementares sobre o sexo. Não deixavam o namorado chegar perto. A moça parecia uma fera no cio enjaulada. Era como uma flor que queria desabrochar, mas era impedida. Dizem que uma dessas moças, com muito custo, acabou arranjando um namorado, moço de boa família, mas escolado e frequentador da zona do meretrício.

Antes do casamento foi aquela marcação serrada, só podia pegar mão. O irmãozinho não saía de perto. Não adiantava dar dinheiro para ir comprar balas. Ele não arredava pé. Mão naquilo ou aquilo na mão ou aquilo naquilo ou aquilo atrás daquilo, nem pensar. Talvez, só depois do casamento, mas sem garantia de nada. Realizado o casamento, as malas prontas para a lua de mel, a mãe da moça, escolada pelos seus trinta anos de janela, que sabia das coisas e dos perigos que rondavam a filha ingênua, estava preocupadíssima, mas não tinha coragem de falar francamente com a filha. Via e sentia os olhares lascivos do marido da filha já pronto para o abate na lua de mel. Na sua mente, ela via um garanhão traçando todas, saltando cercas de arame farpado para possuir a égua indefesa confinada entre quatro paredes, com um pênis comprido e grosso, que mais parecia um pé de mesa. Foi quando ela chamou a filha e, num esforço supremo, disse:

– Se o seu marido mandar você virar, você não vira!!!

A filha não entendeu absolutamente nada. Feito isso, a mãe achou que tinha cumprido o seu papel e entregou tudo nas mãos do Criador. Seja o que Deus quiser, pensava ela. Uma semana depois, sua filha e o marido voltaram da lua de mel e ela, mãe, não tinha coragem de perguntar nada. Tinha medo de que o pior poderia ter acontecido com a sua filha. Passado cerca de um ano, no primeiro aniversário de casamento, a moça resolveu contar para o marido a preocupação e o nervosismo da sua mãe, quando ambos iam viajar para a lua de mel. E disse ao marido a frase que sua mãe usara no dia, e que ela não havia entendido e, ingenuamente, repetiu a frase ao seu marido: "Se o seu marido mandar virar, você não vira". Ele prontamente retrucou.

– Ela tinha razão. Você não deve virar, senão vai engravidar!!!

Mas nem tudo era ingenuidade. Havia aqueles caras especializados em comer a mulher do vizinho. Ao sexo se aplica o princípio da lei da vida. Se você não ocupa o lugar que lhe pertence por direito, vem outro e ocupa. Existiam aquelas mulheres casadas que, por deficiência do marido ou porque gostavam mesmo de variar, davam pra valer. Contam que um cidadão respeitado na cidade, fazendeiro de posses, um dia foi viajar com a sua mulher. Foram de charrete, condução muito comum na época, até a estação ferroviária para que pudessem pegar o trem, distante da cidade cerca de um quilômetro, quando a mulher lhe confidenciou que havia esquecido de vestir a calcinha. Embora o marido lhe falasse que ninguém iria reparar nisso, ela insistiu em não viajar, porque não se sentiria bem sem uma peça tão importante. Na realidade, ela já havia marcado outro encontro com o Rodrigão e tentava empatar a viagem com o marido. O fazendeiro nunca viajava sem o seu cão policial, chamado Rinoceronte, um cão com faro excepcional, que localizava tudo. Bastava que lhe sentisse o cheiro. Disse para a mulher:

– Fique tranquila. O Rinoceronte resolve o assunto.

E mandou que mulher fosse até o banheiro com o cachorro e deixasse que ele cheirasse a sua xoxota. Ela fez aquilo que o marido pedira, na certeza de que o cão nada resolveria. Cheirada a xoxota, o Rinoceronte saiu em disparada de volta para a cidade. Meia hora depois, o cão voltou com o membro do Rodrigão na boca. A mulher havia transado horas antes com o açougueiro, que açougueiro, conhecido de todos, antes de vir para a estação. O Rodrigão tinha um cheiro inconfundível de carne crua com cebola. Não deu outra...

Havia na época um bancário que trabalhava como contínuo num determinado banco da cidade, era uma peça rara. Ele era muito claro, com cabelo de fogo e rosto crivado de sardas que mais pareciam escamas de peixe graúdo. Tinha um estrabismo acentuado no olho direito. Para ler, tinha de colocar o papel do lado direito, distante do olho cerca de vinte centímetros. Tinha uma vasta cabeleira. Para conservar o cabelo penteado e cruzado atrás como asa de galinha, ele usava a Brilhantina Coti e o Óleo de Lavanda. Saía pelas ruas, quase todas de terra, para fazer entrega de correspondência. O pó soprado pelo vento impregnava o seu cabelo, que ficava meio plastificado. Imagine, a brilhantina (à base de vaselina), misturada com óleo e poeira. Os cabelos se uniam e formavam uma espécie de tecido, poderia jogar água em cima, que escorria. Parecia chão de oficina mecânica. Mesmo assim, ele reclamava que, quando havia muito vento, o cabelo cumprido caía na sua testa, cobrindo o olho. Isso atrapalhava a sua direção na bicicleta e tinha que reduzir a velocidade.

Ele guardava o "arsenal da vaidade" na gaveta da escrivaninha do banco no qual trabalhava, e dizia que tinha outro arsenal em casa. Um colega de banco, ao ouvir a sua reclamação, resolveu aprontar. Pegou o óleo de lavanda, jogou metade fora, e completou com goma arábica. Por volta das treze horas, ele deveria sair para fazer a entrega das correspondências. Mas antes, sempre dava um untada no cabelo com o óleo de lavanda, no cento da cabeça, pois a brilhantina era usada para os cabelos laterais, os quais cruzavam atrás, como asas de galinha. Isso era a moda seguida por quase todos os moços. Naquele dia, ele colocou, sem perceber, goma arábica nos cabelos e saiu para o trabalho em pleno sol.

Quando retornou, os cabelos estavam todos grudados, formando um tecido único e, na passagem do pente, ouvia-se um ruído característico de quem está rompendo alguma coisa grudada, caindo pedaços de limalhas que ele não sabia o que era, mas que era o resultado da goma arábica endurecida e quebradiça. Ele teria comentado que o óleo de lavanda, usado por quase todos os cabeludos da época, tinha saído bem melhor. Moço bom, ele tinha lá as suas qualidades. Era um homem trabalhador, cumpria rigorosamente as suas obrigações e nunca ninguém reclamou dos serviços por ele executados e ia completar duas décadas no emprego, ganhando, como todo bancário na época, salário de miséria. Os bancários dos bancos particulares eram chamados carinhosamente de mendigos engravatados. Isso porque os bancários eram obrigados a trabalhar, se não com terno e gravata, com calça decente e camisa branca, não prescindindo da gravata. Os bancos exigiam que os funcionários estivessem rigorosamente apresentáveis, mas não pagavam por isso. Mas todo mundo queria ser bancário. Havia certo charme na profissão.

Ele havia ficado noivo de uma moça a quem namorava há quase duas décadas. Ela era Filha de Maria na Igreja local. Moça honesta e, sobretudo, pudica. Mas pudica empedernida... E bota pudica nisso. Só fazia o que o padre da Igreja autorizasse. E ele não autoriza nada de nadinha. Tudo era pecado. Era aquela coisa: "Você pecava por pensamento, palavras e obras". O padre conhecia toda sacanagem que poderiam acontecer. A noiva parece que adivinhava o pensamento do noivo; e falar, nem pensar, porque ela não queria ouvir. Ele achou que, com o noivado, as coisas iriam mudar. Mudou. Mudou para pior. A noiva passou a exigir que ele assistisse missa todos os domingos, confessasse e comungasse. Queria um noivo puro e exemplar e um marido melhor ainda. O coitado já estava de olho fundo de tanto se masturbar pensando na noiva. Era apenas a mão na mão. A mão perto daquilo, nem pensar. O resto que todo mundo sabe sobre as variações do "aquilo", nem pensar. Foi então que ele, num ato de desespero, resolveu casar. Achou que, casando, ele dobraria a moça donzela juramentada. Mas o que ele nunca tinha dito a ela, era que tinha uma suruba descomunal. Parecia uma raiz de mandioca mirim ou um nabo mediano. Aquilo tinha uns dezoito centímetros por baixo, com um diâmetro de três centímetros. Mole, parecia um pedaço de linguiça calabresa sardenta. Ela seria pega de surpresa... Mas por absoluta culpa dela, que nunca deixou o noivo chegar nem perto da "perseguida". Nunca encostou o bilau nas cochas dela. Aquilo roçando atrás, nem pensar. Casaram. Eu fui ao casamento. A Igreja estava toda enfeitada com flores brancas. Não deixou colocar nenhuma flor colorida. Vermelha, nem pensar. As Filhas de Maria e os Congregados Marianos foram todos prestigiar o casamento da vestal.

    O noivo e os padrinhos estavam todos de branco. Não sei se havia o alvejante OMO na época. O branco era tão intenso que ofuscava as luzes da Igreja. Até o padre estava de batina branca. Viajaram de trem, na classe de segunda. O trem era o famoso Maria Fumaça, tocado a lenha e a carvão. Foram para uma colônia de férias que pertencia ao banco ou do qual o banco era sócio, não me recordo. Chegando ao local, por volta seis horas da tarde, receberam as chaves do apartamento onde iriam permanecer por três dias. Desfizeram as malas. Ela pendurou todas as roupas nos cabides para não amarrotar. O lugar era bonito e bem iluminado. Já eram quase sete horas da noite. Ela pediu para darem um volta para conhecer o lugar. Ele concordou, mas achou que ela estava fugindo às obrigações de esposa. O bilau estava inquieto. Andaram pelo lugar, já se aproximava das oito horas da noite quando foram jantar.

A temperatura havia descido e o termômetro marcava por volta de quinze graus. Comeram creme de aspargo. Terminado o jantar, foram direto para o apartamento. Para ele, era a hora esperada há quase vinte anos. Não conhecia nada sobre o corpo da mulher que estivesse coberto pela saia e pela blusa que ela sempre usou. A saia larga da mulher nunca lhe permitiu saber nem de que forma era o seu bumbum, se tinha cochas grossas, se o seio era volumoso ou não. Tudo que ela usava era largo, dando a possibilidade de duas conclusões: que era mesmo um bagulho ou era uma mulher muito gostosa e que guardava tudo para o seu marido. Pelo que eu sentia, não era lá essas coisas; tinha as minhas dúvidas. Mas há um ditado popular que "quem vê cara não vê coração". Chegando ao apartamento, ele estava com pênis ereto que mais parecia um pé de mesinha de centro. O pênis tinha ligação direta com o pensamento. O pensamento só pensava naquilo. Havia esperado mais de vinte anos por aquele momento. Já estava suando frio. O nervosismo havia piorado sobremaneira a sua vesguice e na penumbra do quarto não enxergava nada.

Ela acendeu a luz e foi para o banheiro ajeitar-se para a grande noite, para a qual ela havia se guardado. Ele aproveitou e deu um jeito no chulé que exalava do seu pé e do sapato velho que usava há mais de três anos e que já ganhara aquele odor característico de cheiro de cachorro molhado. Ela veio para o quarto e pediu para que ele apagasse a luz. Ela já estava de camisola. Ele estava nervoso e suava frio. Como estava tudo escuro, arrancou apressadamente a camisa, a calça e a cueca e teve a má ideia de dar um amasso e uns beijinhos na mulher, antes de ir para a cama. Quando ele a abraçou e ela sentiu aquela coisa descomunal roçando as suas partes pudendas, deu um grito de desespero e clamou pelo santo da sua devolução: "Me proteja meu São Expedito" e saiu do apartamento em disparada pelo corredor longo que ia do apartamento até a recepção só de calcinha. Os que a viram em disparada, disseram que ela corria e rezava. Chegou até a recepção tomada de desespero. Ele sentiu a burrada que tinha feito ao deixar que ela sentisse o dito cujo antes da penetração, vestiu a cueca e passou a correr atrás da mulher gritando para que ela voltasse. Mas ela já havia se refugiado na recepção. Uma senhora que lá estava exercendo a função de recepcionista, acabou convencendo-a de que deveria voltar com o seu marido para o apartamento; afinal estavam em lua de mel. Ela ouvia a senhora e olhava para o marido apavorada, como se ele fosse o seu algoz. Não tirava o olho da coisa descomunal por baixo da cueca do marido abandonado, fato que também impressionara até a mulher da recepção. Depois de muita conversa, ela aquiesceu em voltar para o apartamento, após horas de convencimento. Não se sabe o que pode ter acontecido depois da volta. As más línguas diziam que, no apartamento, ele tentara convencê-la de que aquele pé de mesa era só para ir e vir. Dizem que ela teria ficado traumatizada e, durante os três dias da lua de mel, não abriu as pernas nem para fazer xixi.

    Como tudo na vida se resolve, eles acabaram se entendendo e tiveram três filhos. Não me perguntem como, porque eu nunca perguntei.

• Cap 25 •

Por volta de 1950, ninguém, na zona rural, possuía eletrodomésticos, como geladeira, máquinas de lavar roupa, de enxugar, de lavar pratos, aspirador de pó ou uma simples batedeira de bolo. O trabalhador rural não possuía renda suficiente para gozar de tais avanços tecnológicos. No campo, a mulher sequer sonhava com essas facilidades. Estava acostumada a fazer tudo isso com as próprias mãos. Era uma vida muito dura, e o pobre não tinha como gozar dessas facilidades. Não havia televisão no campo, e, na cidade, ela engatinhava. Quando muito, podia assistir pelo rádio, ligado a uma bateria, o chamado radioteatro.

O que vamos relatar parece ficção, mas aconteceu com um pequeno sitiante de uma pequena cidade, localizada no oeste paulista. Era um homem bem simples, casado com uma mulher também simples. Descendentes de italianos, ambos tinham dificuldade de pronunciar o "r" duplo. Assim, falavam caroça em vez de carroça. Era a época ainda do fogão de lenha. Aquele fogão feito de alvenaria, com taipa e chapa de ferro de várias bocas. O fogão era alimentado com pedaços de gravetos de madeira firme. A madeira, depois de queimada, transformava-se em carvão, formando um brasido debaixo da chapa de ferro, que não se apagava nunca. À medida que o carvão ia esvaindo-se pelo brasido, outros pedaços de madeira iam alimentar o fogão e transformavam-se em novos pedaços de carvão numa continuidade constante. Isso era necessário para que as sobras do arroz, do feijão e de outros alimentos que haviam sido preparados não se perdessem. A brasa quente, envolta pela cinza, mantinha uma temperatura ambiente própria para a conservação dos alimentos.

A qualquer hora do dia ou da noite, todo e qualquer alimento que fosse colocado em cima da chapa de ferro, que ficava sobre o fogão, estaria apto a ser consumido. Contou-me o sitiante que, determinado dia, saiu para cuidar de assuntos do sítio, ou seja, conseguir financiamento no banco. Demorou, porque tinha outras coisas a tratar e acabou chegando na sua casa por volta de dez horas da noite. O sítio não tinha luz e, naquela época, era muito difícil conseguir financiamento para eletrizar o sítio. Poucos conseguiam, visto que as exigências bancárias eram demasiadas. A instalação de energia elétrica deveria contribuir para aumentar a renda da propriedade. O pedido de financiamento, sem que houvesse a possibilidade de aumentar a renda, era indeferido. Não se fazia financiamento para diletantismo do proprietário ou para simples embelezamento da propriedade. Dez horas da noite já era tarde, porque todo mundo no meio rural costumava dormir por volta de oito horas da noite. Chegou com fome e não queria acordar a mulher. A iluminação era feita por meio de luz de lamparina, tendo como combustível o querosene. A iluminação feita dessa maneira era precária, pois o foco de luz não clareava além de um pequeno espaço, ficando o restante com uma claridade deficiente, de forma embaçada. Existia um costume de limpar o couro de porco, retirando todos os seus pelos, para, depois, deixá-lo cozinhar juntamente com o feijão. A gordura que saía do couro mistura-se com o feijão e dava um sabor característico que todos gostavam. O couro de porco, por sua vez, quanto mais fosse cozido, ficava mais mole e mais saboroso. Horrível era comer couro de porco que ainda não houvesse sido cozido.

As panelas, que ficavam sobre a chapa de ferro de várias bocas e que recebiam elevada temperatura proveniente do fogo e do brasido, não ficavam totalmente fechadas. As tampas eram colocadas de forma que não fechassem integralmente, deixando uma parte descoberta. Isso precisava ser feito para que não houvesse pressão dentro da panela pelo excesso de temperatura, pois a comida acabaria estragando pelo excesso de calor. Ele pegou um prato fundo, colocou bastante arroz e cobriu com bastante feijão, e sobre o feijão colocou três colheres de farinha de mandioca e cortou, com a colher, um pedaço do couro de porco que estava no feijão. Pegou meio pão feito em casa e sentou-se à beira do fogão para comer. Sentiu que o couro de porco não estava mole, como de costume. Terminada a refeição, tomou um copo de água e foi se deitar. A sua mulher havia acordado quando ele tropeçara numa cadeira na cozinha. Ele aproveitou para dizer a ela que o couro de porco do feijão ainda estava muito duro. Foi quando a sua mulher sentou-se na cama e, com os olhos esbugalhados, perguntou:

– Que couro de porco, homem? Não pus nenhum couro de porco no feijão!

Ele se descontrolou. Começou a suar e a ter calafrios. Começou a pensar o que poderia ter comido...

Ambos foram para a cozinha para ver o que havia dentro do caldeirão de feijão. Qual não foi a surpresa quando viram que um sapo havia entrado no caldeirão e estava sendo cozinhado a fogo brando...

• Cap 26 •

As pessoas simples têm uma tendência para serem místicas. Quanto mais simples, mais místicas. Na verdade, isso é a necessidade de acreditar em alguma coisa. Já disseram que existem mais segredos entre o Céu e a Terra do que pode conceber a nossa vã filosofia. As pessoas simples, da roça, eram corretas, não mentiam, garantiam aquilo que combinassem, pagavam as suas dívidas e acreditavam sempre num dia melhor. Eram felizes com o pouco que tinham ou com o muito que sonhavam e que nunca tiveram. Acreditavam em Deus, mas acho que não tinham muita noção do que isso significava.

Demonstravam temer a Deus ou a uma força poderosa que tinha criado tudo. Comportavam-se como crianças indefesas, achando que tinham que fazer tudo certinho, porque senão Deus castigava. Essa noção vinha de gerações em gerações, certamente a centenas ou milhares de anos. Tudo o que acontecia fora do normal e que tinha consequência dolorosa física ou psíquica era creditado como castigo de Deus por algum erro cometido. Essas pessoas sempre foram manipuladas, principalmente pelos patrões. Trabalhavam de sol a sol e nunca conseguiam nada de seu. Conseguiam sobreviver sob duras penas. A medicina era pouco desenvolvida e havia poucos médicos. Lembro-me de que havia um prático de farmácia que, chamado, vinha ver o doente para medicá-lo. O pagamento era feito mediante a entrega de frangos e de ovos ou um quarto de leitoa no final do ano, época em que se matava o porco cevado. A visita raramente acontecia, pois o prático de farmácia só era chamado quando a pessoa não pudesse resolver o problema mediante chás caseiros ou benzimentos. Havia chá para todos os gostos e doenças. Havia os benzedores: que poderia ser uma mulher ou um homem. Benziam sobre tudo. Mas o mais comum era o benzimento para curar quebranto (diziam quebrante), espinhela caída, cólica intestinal, dor de estômago, cobreiro, dores da alma. A espinhela caída seria uma dor que dá na boca do estômago por excesso de carregamento de peso. Esse mal era também conhecida por Lumbago. O quebranto, dizem, é proveniente de mau-olhado, de olho gordo. Têm pessoas que tem um olho gordo tão maléfico, que são apelidadas de seca pimenteira. Diziam, como verdade verdadeira, que se essa pessoa olhasse para um pé de pimenta, algum tempo depois ele murchava e depois secava. No quebranto, a pessoa começa a abrir a boca e a soltar lágrimas dos olhos. Atinge principalmente crianças, mas adulto não está a salvo. Quando a pessoa estava ficando muito triste por nada, procurava logo um benzedor ou uma benzedeira para espantar alguma coisa, que não sabia o que era, mas que estava ali. Dizem que a fé move montanhas. Na maioria dos casos, a pessoa ficava boa. Hoje, o médico diria que ela estaria com depressão e receitaria um remédio alopático. Acredito que muitos daqueles que procuravam uma benzedeira ou um benzedor eram curados pela fé. Para a pessoa simples, ter fé é uma necessidade. É uma coisa normal. Na verdade, ela não tinha outra coisa na vida a não ser trabalhar e acreditar em alguma coisa.

Basta ter fé! A pessoa não fica perguntando-se se existe Deus, de onde viemos, para onde iremos, ou se Deus existe mesmo? Se o espírito é imortal e para onde iremos depois da morte? Essas perguntas seriam muito complicadas para as suas cabeças. Para elas, bastava ter fé e acreditar na existência de Deus. O resto era o que Deus quisesse. Lembro-me de um senhor que deveria ter poderes paranormais e que curava pessoas com o simples toque das mãos. Ele era analfabeto. Mas ninguém se incomodava com esse fato, pois o que importava é que ele trazia consolo e paz para pessoas doentes que, quase sempre, retomavam as suas vidas normais. Diziam que ele tinha uma mão boa para curar. Por isso, não é difícil entender essas pessoas mais simples que vivem em todo o país, e que se concentram no norte e no nordeste.

Elas sempre viveram e continuam vivendo uma vida de sofrimentos e de espera. Espera que as coisas melhorem. A seca vem, acaba com tudo. A terra fica absolutamente estéril. Ficam sem o mínimo para sobreviver. Matam precariamente a fome própria e dos filhos no almoço com pó de mandacaru misturado com água quente, sem saber se terão o que comer à tarde. Mas continuam com uma fé inabalável.

Para aquelas pessoas em estado de completa ignorância, de dificuldades de sobrevivência, de medo de perder o emprego a qualquer momento ou de ter doença na família, o benzedor era o porto seguro, uma figura muito respeitada. Acreditavam piamente que o benzedor e a benzedeira eram pessoas diferentes e especiais que tinham nascido com poderes de cura. Como regra, a pessoa que benzia oferecia o seu trabalho sem qualquer cobrança pecuniária ou material. Interessante que o trabalho de benzimento era feito também para curar animais, como mijacão no casco. O mijacão era uma doença muito comum no sítio e podia também dar no pé das pessoas. Segundo o entendimento, o mijacão infectava quando a pessoa ou o animal pisava no lugar onde havia urinado uma égua prenha. A verdade é que o mijacão é proveniente da urina de cavalo, de égua, de jumento, de burro, de mula, não havendo necessidade de que a égua esteja prenha, pois não é só a urina da égua que causa o mijacão. Nas pessoas, o calcanhar incha e fica extremamente dolorido. O remédio caseiro que poderia dar certo era enrolar o pé com pano embebido no óleo de mamona. Mas nem sempre isso dava certo. Minha avó materna era benzedeira das boas e era muito procurada. Benzia de tudo, pessoas e animais.

Benzia até à distância. Nunca consegui entender o que ela falava. Se era só fala ou se era fala e reza. Ela também não fazia questão de ensinar. A verdade é que todos os benzedores guardavam consigo o segredo. Às vezes eu pensava que a minha avó tinha poderes assim como uma bruxa ou como uma feiticeira. Se estivesse com dor de barriga ou cólica intestinal por haver comido pinhão bravo, ela falava umas palavras, soltava a fumaça do cachimbo de barro, do qual não largava nunca, na minha barriga, esfregava com a mão direita e a dor sumia. Nunca falei para ela o que eu achava. Tinha receio que não gostasse. Depois, criança não falava qualquer coisa com os mais velhos. Não queria magoá-la. Mas um dia, tive essa certeza de que ela tinha poderes. Um parente do patrão havia chegado à fazenda e, como acontecia com as pessoas que moravam na cidade, quis andar a cavalo. Achou que poderia selar qualquer cavalo. Em vez de pegar um dos cavalos do patrão, foi pegar logo um cavalo preto, bonito, com uma estrela branca na testa, alto, mistura de manga larga com pangaré, apelidado de Pássaro Preto e de propriedade do meu tio, garoto de 17 anos. Meu tio ficou uma fera quando viu o estranho montado no seu cavalo. Aquele cavalo era a coisa que ele mais amava, depois da minha avó, acho. Vendo o seu sofrimento, minha avó o acalmou dizendo que iria dar um jeito naquela situação. Foi lá para dentro. Eu fui atrás, sem que ela me visse (ou fez que não me viu). Ajoelhou-se num altar que tinha no quarto, fez o sinal da cruz e passou a falar palavras ininteligíveis, durante cerca de três minutos, se não me falha a memória. Terminou fazendo novamente o sinal da cruz e foi para a janela da sala, onde estava meu tio, furioso, olhando o desconhecido.

Ela disse:

– Agora é só aguardar o momento próprio.

Passado cerca de cinco minutos, o Pássaro Preto refugou, rinchou desesperado, levantou as patas da frente, ficou com o corpo quase ereto escorado pelas patas traseiras, fazendo com que o cavaleiro escorregasse do arreio e fosse bater com os cornos no chão duro do pasto castigado pela seca. O cavalo desembestou a correr pelo pasto, enquanto o cavaleiro permanecia imóvel no local. Precisou ser carregado para a casa da fazenda por quatro homens. Ficou cerca de duas semanas sem poder andar. Durante o tempo que permaneceu na fazenda, não quis mais cavalgar. Descobriram, depois, que o cavalo tinha refugado em razão de ter visto uma cobra venenosa. Não acharam a cobra... Os animais têm um sentido muito apurado para ver ou sentir a presença de cobras venenosas e a alma do outro mundo, diziam. Minha avó nunca disse nada sobre o acontecido. O único que desconfiava que ela havia usado dos seus poderes era o meu tio, dono do cavalo, mas também nunca disse nada. O único que tinha certeza que ela tinha provocado o acidente era eu. Guardei o segredo até agora. Ter uma avó com poderes para derrubar um cara do cavalo era o máximo. Mas não poderia dizer isso a ninguém, senão iriam chamá-la de feiticeira ou de bruxa. Isso eu não queria.

• Cap 27 •

Possivelmente pela pouca idade, tinha uma curiosidade muito aguçada e queria saber tudo e aprendia com facilidade as coisas do dia a dia. Uma vez fomos a um circo. Foi a minha primeira vez. Fiquei maravilhado. Era tudo muito colorido e as cores fortes me atraíam. Nunca tinha visto tantas pessoas reunidas. Havia cadeiras no meio do circo e bancos de tábuas que envolviam ao redor, de forma circular, e terminavam perto do palco. As cadeiras estavam colocadas em círculo, deixando espaço no meio para a apresentação dos artistas. Vi malabaristas com bolas e argolas, equilibristas equilibrando-se no arame, na altura de cinco ou seis metros, e andando de bicicleta no fio, saltos no solo, saltos triplo, o globo da morte, no qual três motocicletas giravam ao mesmo tempo, em direções diferentes, a mulher engolir espada e o homem engolir fogo, o palhaço e o seu *partiner* contando piadas, que eu não entendia, mas os adultos riam. Duas coisas me chamaram a atenção, mais do que tudo. A primeira foi o ventríloquo com o seu filho. Na minha ingenuidade, o boneco era um menino de verdade e muito malcriado, porque respondia grosseiramente para o seu pai e para as pessoas que ali estavam.

Chamava-me atenção, o fato de o menino ser preto e falar a nossa língua, e o pai dele ser branco e falar outra língua (se me recordo, falava espanhol). Lembro-me que ele nunca perguntava nada ao pai (hoje sei que era o ventríloquo); o negrinho, mal-educado, mandou o pai para "a tonga da milonga do cabuletê". Não sabia o que era isso nem meu pai nem minha mãe sabiam, mas achavam que era coisa séria. Fiquei encantado com o fato de o ventríloquo falar com os animais e de descobrir os segredos de cada um deles e das crianças que levavam os seus animais. Naquela época, eu tinha uma cabritinha lá no sítio. Nunca a levaria para conversar com aquele negrinho metido a besta e enxerido. Confesso que tive um encanto especial pelos quatro anões que se apresentaram fazendo piruetas no chão e fazendo brincadeiras entre si. Pensava que os anões eram pessoas privilegiadas que nunca seriam adultos e que permaneceriam sempre crianças. Sempre achei os adultos complicados. E descobria, naquele momento, a possibilidade de permanecer criança para sempre. Não queria mais crescer. Achava que já tinha crescido o suficiente e via naqueles anões a medida certa para parar de crescer. Achava que poderia permanecer criança e que o tempo passaria sem se incomodar comigo. Era tudo o que eu queria. Naquela noite, voltamos para casa. A caminhada a pé era longa. Deveríamos caminhar cerca de dez quilômetros, descalços, sentido a areia fria na sola do pé. Nem senti a caminhada. Tudo o que vi passava pela minha cabeça o tempo todo. Era um mundo maravilhoso que eu não conhecia. Sabia que tão cedo não voltaria àquele lugar. Se é que voltaria. Éramos pobres e o dinheiro, quando havia, era curto.

Mas caminhar não era preocupação. Todos estavam acostumados a andar, e andar muito, todos os dias. Iniciamos a volta, cada um comentando sobre o que havíamos visto no circo. Ninguém sentiu o tempo passar, e a caminhada pareceu um nada. Mas aquela alegria não passaria tão cedo e ficaria na minha memória. Em casa, procurava imitar os malabaristas, equilibrando pedaços de pau na cabeça e no queixo. Colocava as mãos no chão e as pernas para o alto e procurava caminhar com as mãos. O interessante é que, com a prática diária, acabava aprendendo a equilibrar e andar com as pernas para cima. Ao fazer isso, sentia que era artista de circo.

Foi nessa época que vi e ouvi um rádio pela primeira vez, tocado a bateria. Eu e os meus amigos ficávamos impressionados com o fato de a voz sair de uma pequena caixa. Tínhamos a certeza de que ali existiam homenzinhos falando. Dentro da lógica da criança, eles teriam de ser bem pequenos para caber dentro daquele pequeno estojo. Ficávamos olhando pelos buracos, nos quais havia uma réstia de luz, para localizar as pessoas que ali estavam. A minha certeza de que não era necessário crescer, que poderia permanecer criança, apresentava-se como algo maravilhoso. Pensava: por que as crianças crescem? Por que elas não poderiam resistir ao tempo e permanecer sempre crianças? Por mais que resistisse, sentia o meu corpo transformando-se naquilo que eu não queria. Teria de descobrir o segredo dos anões. Teria de descobrir como driblar o tempo. Deveria descobrir um meio de me esconder para que o tempo passasse sem me ver. Se conseguisse, teria certeza de que aquela criança sonhadora, de bem com a vida, que falava com as estrelas, com a lua, com a chuva, com o sol, com o vento e até mesmo com a noite escura, permaneceria criança.

À noite, na cama de palha, eu ficava horas pensando nos anõezinhos do circo. Nos meus sonhos, brincava com eles e tentava descobrir os seus segredos. Nas suas companhias, divertia-me muito. Quando acordava no meio da noite, sem a presença deles, ficava um pouco frustrado, mas, ao mesmo tempo, sentia, dentro de mim, um pouquinho de saudade. Sabia que nas próximas noites voltaria a sonhar e a brincar com eles. Muitas vezes, durante o dia, sentado no galho da mangueira, adormecia e voltava a ter o mesmo sonho com eles.

Ao acordar, procurava decifrar o fato de que eles, embora pertencessem ao circo, onde eu os vira pela primeira vez, vinham brincar comigo nos meus sonhos. Já estávamos tão próximos e tão amigos que, às vezes, pensava em ir trabalhar com eles no circo. Lá no fundo, uma coisa me preocupava. Se não descobrisse o segredo dos anões, não permaneceria criança. Um dia, seria adulto e não mais acreditaria que alguém poderia falar com as estrelas e que elas poderiam lhe responder. Que não mais tivesse tempo para prender o céu dentro de uma poça d'água. Temia que um dia também achasse que falar com as estrelas fosse coisa de quem não tem o que fazer. Pior. Casaria, teria muitos filhos e uma mulher gorda, enrugada, do meu lado na cama. Não acreditaria mais em coisas belas, no orvalho que cai toda noite para acariciar as plantas e as flores, na sementeira que surge da noite para o dia em todos os recantos, na flor do campo que ninguém planta e que surge do cio da terra. Deixaria de sorrir.

Teria um rosto sério e sisudo. Acharia que sorrir não era atitude de homem sério ou idoso. As rugas apareceriam prenunciando a velhice precoce. Os cabelos cairiam e os que ficassem perderiam o brilho e branqueariam. Aos poucos, as forças vitais iriam se esvaindo. O corpo ereto já não teria a mesma resistência e passaria a pesar como um fardo que se carrega além das forças. A voz já não teria o mesmo timbre metálico e seguro ao falar. Passaria apenas a sussurrar. Já não acreditaria mais em nada. Tudo isso, para mim, era o prenúncio da morte. Deixaria de trabalhar e permaneceria sentado, quieto, o tempo todo em um lugar onde as pessoas não me vissem. Em algum momento, a força vital desapareceria. A cabeça tombaria sobre o corpo inerte. Não mais falaria nem sussurraria. A vista perderia o brilho. Não mais respiraria. A vida se esvairia...

O corpo enrijeceria e seria transformado em pó. E aquela criança, que se havia perdido em algum momento da vida, não teria como se salvar. Estaria inexoravelmente ligada àquele adulto que perdera, logo após a adolescência, a vontade de viver. Passaria a ver o mundo pelo seu lado triste, feio, melancólico. Abandonaria a criança sem piedade, sem lhe perguntar se era aquilo que ela queria. Tinha que descobrir uma maneira de separar a criança do homem adulto. Fazer com que a criança permanecesse no seu mundo de encanto e de felicidade e deixar que o adulto seguisse o caminho que escolhera. O que estava acontecendo, há milênios, sem que ninguém nunca houvesse se rebelado, não estava certo. Alguém teria que protestar e tentar modificar essa situação. Eu não sabia como fazer e o que fazer. Teria de continuar tentando decifrar o segredo dos meus amigos anões. Talvez, assim, eu encontrasse uma luz.

 Naquela noite havia chovido muito. Acordei logo de manhãzinha, o sol ainda não tinha nascido. Fui ver as poças d'águas que se formavam na frente das casas da colônia e que, com a vinda do sol, secariam. Lá já estavam alguns dos meus amigos e foram chegando outros. Eu e meus amigos gostávamos de olhar o céu dentro da poça e as nuvens correndo dentro da poça d'água. Dependendo do ângulo que olhássemos, de frente, de lado, esquerdo ou direito, veríamos a extensão maior ou menor do céu. Aquilo, para nós, era maravilhoso. Olhávamos para o alto e víamos a imensidão do céu; olhávamos para a poça e víamos o céu confinado ali. Era como se pudéssemos prendê-lo ali para sempre, mas não podíamos, porque ele iria embora assim que a poça secasse. Aquela visão, apesar de durar pouco, era algo que nos inebriava, instalava-se na nossa mente e passava a fazer parte dos nossos pensamentos como um acontecimento importante. Foi o dia em que conseguimos confinar o céu numa pequena poça d'água. Nós não comentávamos com os adultos essa nossa façanha. Sabíamos, de antemão, que iriam dizer que aquilo era coisa e criança.

 Naquela semana, as poças não secaram. Ao contrário, aumentaram. Estava entrando a época das águas. Choveu muito durante algum tempo. Quando isso acontecia, íamos para um velho galpão, onde eram guardadas as ferramentas usadas na lavoura, como arado, enxadas, enxadões, foices e algumas peças que eram adaptadas no pequeno trator e alguns produtos, como veneno para matar a formiga saúva que, naquela época, era a maior praga. Aprendia-se nas escolas: "Ou o Brasil acaba com a Saúva, ou a Saúva acaba com o Brasil!". Aquela frase estava na cabeça de todos, adultos e crianças.

 A minha mente não esquecia dos anõezinhos que vira no circo e que faziam parte dos meus sonhos. Contei para os meus amigos a respeito da minha ida ao circo. Falei da mulher que engolia a espada de mais de metro e do homem que soltava fogo pela boca. Das três motocicletas que giravam dentro de um pequeno globo em direções diferentes, sem baterem uma com as outras. Todos ouviam sem me interromper. Via nos olhos de cada um o interesse por tudo que falava, como se eu estivesse falando de algo que não existia na vida real. Sentia quando alguém, olhando para mim, sem piscar, engolia fazendo aquele movimento com a boca cheia de saliva e o pescoço, ouvindo aquele barulho característico ao engolir a saliva. Era como se estivéssemos fazendo parte de uma aventura irreal, fruto da nossa mente. Toda criança tem facilidade para esse tipo de aventura. Ela consegue transformar em realidade aquilo que está no pensamento.

Não essa realidade objetiva, de ver e de pegar, mas uma realidade que fica oculta na mente. Só ela consegue sentir e ver com a mente. É um mundo só seu, onde pode guardar, em compartimentos, os seus segredos e sonhos e torná-los reais, sem que saiam da mente. Para o adulto, isso seria coisa de maluco, já que realidade é realidade e ficção é ficção. Guardar alguma coisa real na mente seria impossível e, por isso, é ficção, não realidade. Todos nós concordávamos que o adulto, quando crescia, perdia parte do discernimento. Passava a acreditar só naquilo que podia ver e pegar. Isso era o real. Mas o adulto estava errado. Tem muita coisa que não se pega e nem se vê e que é real: Deus.

Mas o adulto, preocupado com as suas responsabilidades, esquecia Deus. Com isso, o mundo do adulto fora reduzido a um mundinho. O mundo da criança era um mundo grande, mas tão grande que ocupava todos os lugares, inclusive, e principalmente, o pensamento, cuja capacidade é imensurável. Disse para os meus amigos sobre os anões que havia visto no circo. Estavam todos interessados. Nunca viram homenzinhos com cinquenta centímetros de altura. Inicialmente não queriam acreditar, achavam que seriam crianças disfarçadas de homenzinhos. Mas eu lhes disse que eram homens pequenos. Que permaneceram pequenos, porque não se separaram da criança que existe em todos nós. Disse que alguma coisa estava errada com aqueles que haviam crescido.

Nós nascemos crianças. Toda criança é alegre, sorri, é brincalhona, é amiga, gosta de outras crianças e gosta da sua mãe, do seu pai, da sua avó, de todas as pessoas que fazem parte do seu círculo familiar. Com o passar do tempo, aquela criança começa a se modificar e a perder a alegria, deixa de sorrir, e acha que tudo é muito sério. Chega uma hora em que tem vergonha de sorrir. Passa a achar que, por ser adulto, não pode sorrir, só pode conversar coisas sérias. Acha que as crianças não sabem nada. São tratadas como animaizinhos domésticos. Elas não podem ouvir a conversa dos adultos. Não podem se meter na conversa do adulto, sob pena de serem castigadas. Esquece completamente da criança que foi. É como se nunca houvesse sido criança. O que deveria ser uma coisa só, isto é, eternamente criança, é dividido em duas: criança e adulto. Só que o adulto, em algum momento da vida, abandona a criança. Pior. Segrega-a. Não dá crédito ao que ela fala. Com isso, a grande maioria dos adultos não consegue ser feliz. Finge uma felicidade que não têm.

À medida que o tempo passa, a situação piora. Tenho a impressão de que a própria vida castiga o adulto com o objetivo de ensinar. Como ele deixa de sorrir, com o tempo, não sabe mais como sorrir, e a pele do rosto vai enrugando. Como não sorri, os olhos vão perdendo o brilho. Como não chora, porque isso seria demonstração de fraqueza, os olhos secam. Ele olha no espelho e não consegue sequer lembrar da criança que foi há dezenas de anos. Só vê aquela figura austera, feia, e tenta desviar os olhos da realidade. Mas ela está impregnada nele, faz parte dele. Pode ser que em algum momento ele se lembre da criança que deixou para trás, mas certamente achará que é tarde...

Lá no fundo, no mais recôndito do seu recôndito, é possível que ainda consiga buscar na sua mente, lá naquele cantinho que o seu "eu" adulto abominou, a criança feliz, sorridente. Mas certamente achará que já é muito tarde para ser sentimental e dirá para si mesmo que o que passou, passou e não haverá volta.

Depois dessas palavras, convidei a todos para, juntos, encontrarmos uma solução. Não poderíamos aceitar simplesmente que tudo aquilo viesse a acontecer não só conosco, mas com toda a geração de crianças vindouras. Todos entenderam a minha preocupação e comprometeram-se a pensar no assunto e encontrar uma solução. Sabíamos todos que não poderíamos falar sobre o que conversamos com nenhum adulto. Nem com os nossos pais. Fizemos um pacto de silêncio no qual nem nossos pais ficariam sabendo. A adesão de todos que ali estavam não foi surpresa para mim. A mente da criança pensa melhor por não estar contaminada por barreiras preconceituosas e princípios morais e sociais que aprisionam e castram.

As chuvas pararam e as poças d'água da porta de casa desapareceram. Com elas, o céu. Todos os adultos da colônia estavam preparando a terra para o plantio. Tinha de continuar pensando. E o melhor lugar para isso era o galho da mangueira. Era por volta de oito horas quando desci para o pomar. Comi um abacate roxo que havia caído naquela noite com o vento. Era um abacate pequeno. Bastava forçá-lo com as mãos que ele se abria e o caroço saltava fora, ficando somente a polpa verde-claro levemente adocicada. Lá encontrei o Zito, filho da dona Amélia, e o Galo Cego, apelido posto em virtude de ter sido enganado ao comprar um belo galo, que era cego. Resolvemos visitar as redondezas em busca de armadilhas.

Naquela época, era comum encontrar armadilhas com ceva para apanhar coelho, preá, ou mesmo tatu. Andamos pelos sítios vizinhos e nada de encontrar armadilhas. Já era quase meio dia e resolvemos voltar para casa; a barriga estava lá no fundo e roncando. Depois do almoço, retornei para o pomar e aboletei-me no mesmo galho de sempre da mangueira. Fiquei olhando, lá de cima, uma carreira de formigas saúvas que cortavam as folhas de uma pequena amoreira e carregavam para o formigueiro. Só mesmo vendo para saber o estrago que essa formiga pode fazer. Naquela época, eram milhares e poderiam chegar aos milhões. Não havia lugar onde não houvesse um ninho delas. Construíam túneis debaixo da terra, com várias saídas de emergência. Se fossem atacadas numa parte do ninho, elas fugiam por outra saída. Quando colocado veneno, ele era soprado por um fole de mão. O fole tinha um compartimento no qual era colocado o veneno misturado com água e uma espécie de vapor venenoso, que era soprado para dentro do formigueiro, saindo vapor por vários buracos, que eram as respectivas saídas. As saúvas tinham um tamanho grande, maior do que as formigas comuns, e uma força descomunal.

• Cap 28 •

A criança que nasce e vive na zona rural acaba aprendendo praticamente tudo sobre a natureza. A convivência diuturna com as mais variadas espécies de animais possibilita que entre em contato com coisas e acontecimentos da sua vida íntima. Aprende a conhecer bichos e pássaros pelas respectivas vozes. Cada pássaro desenvolve um tipo de canto e cada animal tem o seu modo de se comunicar. O mesmo acontece com os seus filhotes. A criança acaba descobrindo as peculiaridades dos insetos e o modo mais fácil, quando necessário, de se livrar deles. Existia um mosquitinho, denominado mosquito pólvora, que era tão minúsculo, que mal se conseguia enxergar. Fazia sua morada em determinadas árvores e ali procriavam aos milhares rapidamente. Andavam em bando e entravam nos olhos de quem por ali passasse. O contato com os olhos trazia imediata sensação de ardume. A primeira reação era a de coçar o olho. Esse movimenta esmagava-o dentro do olho. A partir daí o olho queimava como fogo, ficava vermelho, irritado, incômodo que poderia durar dias.

O néctar das frutas e das flores atraía determinada espécie de pássaros que fixavam a suas moradas por ali, onde construíam ninhos, botavam e tiravam os seus filhotes. Os pássaros, a exemplo dos outros animais, delimitam o espaço em que podem voar.

Defendem esse espaço com muita garra, não deixando que outros pássaros o invadam. Se for necessário, brigarão até que um seja vencido. De cima da mangueira, podia verificar tudo o que se passava numa boa parte do chão do pomar e no espaço. Minha mente voava para todos os lugares, mas acabava voltando para a experiência que tive no circo e com os anõezinhos, que a minha mente fez com que se tornassem meus amigos. Penso bastante neles. Posso descrever a fisionomia de cada um. Todos têm cara de homem em corpo de criança. Penso como descobrir como isso aconteceu.

Parece que eles descobriram um meio de permanecer criança. Se isso aconteceu com os anões, poderá ocorrer o mesmo com todas as crianças do mundo. Só teremos de descobrir como. A descoberta deverá ser rápida. Sinto que à medida que o tempo passa, toda criança vai se modificando fisicamente e sua fisionomia vai se transformando. Tenho certeza de que, em algum momento dessa transformação, a criança poderá ser aprisionada e desaparecer. Qual a razão disso? Por que os adultos têm de fazer isso com a criança? Uma coisa é certa na minha mente: não podemos deixar que esse momento chegue. Temos que tomar providências sem que os adultos percebam. Não podemos falar com ninguém. Nem para os nossos pais. Todo adulto é um inimigo em potencial. Naquela noite, tinha certeza de que receberia meus amigos anões em sonho e conversaria com eles sobre o segredo que guardam.

A noite chega, vou para a minha cama com colchão de palha de milho, e adormeço. Minha mente voa e vou encontrar os meus amiguinhos anões brincando. Eles me reconhecem de imediato e convidam-me para entrar na brincadeira. Depois de algum tempo, todos se cansaram e sentamos em volta de uma pequena mesa, lá, sou o maior de todos. Pergunto os seus nomes e eles se apresentam: BALIN – BALEN – BALON E BALUN.

Parti enquanto o meu amigo dormia. Não poderia ser diferente. Havia me apegado a ele de tal forma que a minha mente o adotara como meu filho. Sabia que não o veria mais. Mas sabia que ele continuaria a luta para descobrir como permanecer criança e falar com as estrelas e ouvi-las. E continuar aprisionando o céu e as nuvens numa pequena poça d'água!

F i m